水鏡

あなたの中の神さまが目覚める49の言霊

書画家
小林芙蓉
Kobayashi Fuyoh

あさ出版

世界の在り方は
すべて
あなたの心の現象を映す
水鏡

はじめに

うまくいかない。しんどい。不幸だ。
満たされない。自分は悪くないのに……。

日々を精一杯生きるあなた。
自分なりに一生懸命やってきた。
でも、「現実」はこれでもかとたたみかけてくる。
どうして私ばっかりこんな目に?
これ以上どうがんばればいいの?
つらくて、悲しくて、やりきれなくて、

投げ出したくなる日もあるでしょう。

現代は、やさしい人であればあるほど、つらい思いをしがちです。
やさしい人に必ずしもやさしい世界が用意されているとは限らない、
そういう思いを抱いているかもしれません。

私は、書画家として、書を通じて四十年以上にわたり
国際親善に取り組んできました。
ただし、それ以前はどこにでもいるふつうの主婦として、
日々の家事や育児に取り組み、
なかなかがんばってきたほうだと思います。
親や夫の介護も経験し、子どもの成績について

学校から呼び出されたこともあります。

ふつうの主婦として生きていく一方で、霊能者として
裏でこっそりと働いていたことが、
少々ふつうと違ったことかもしれません。
それでもあくまで、私の本分はふつうの主婦でした。

いろいろなことがありました。
命の危機も何度となくありました。
大切な家族に危険が及んだこともあります。
いまではそれらがすべて「自分の魂を磨く修行」であったと
わかります。

しかしながら当時はあまりにつらく、何度も神さまに問いかけました。

「神は本当にいらっしゃるのですか」

あるときは、他人の霊体を受けて心臓が痛み、呼吸もできない状態で神殿の中で額づきながら問いかけました。

またあるときは、救急車で運ばれて、子どもが目を真っ赤にして泣きながらそばに付いていてくれていた病院のベッド、その帰り道で。

「神は本当にいらっしゃるのですか。

私はなぜ、まだ生かされているのですか」

あるとき、急にその答えがわかりました。

結局、私自身が問いかけられていたのです。

「どこまで神を信じられるのか」と。

人は意識してもしていなくても、神さまの大いなる御手《みて》の中にいます。
その御手はあまりに大きく、
その愛の光はあまりに明るくすべてを愛してくれているので、
私たちはかえって光がわからなくなってしまうのかもしれません。

神さまの光はやさしく私たちを照らしてくれます。
やさしい人には、世界もちゃんとやさしさをもって返してくれます。
神仏は一切の例外なく、平等なのです。
だから、目の前の出来事は

あなたの心をちゃんと、一〇〇%反映した結果なのです。

もしも、しんどい、不幸だ、うまくいかない、
そう思っているのならば、
現実を映し出している心の中にその理由があります。

自分の心のなにが不幸を呼んでいるのか?
どういう心ならば、神さまの光をちゃんと受け止められるのか?
本書でそれをお伝えできたらと考えています。

世界は、自分の外側ではなく
内側にあるもの。

それがわかったとき、神仏の光はあなたの魂まで届き、
魂そのものを輝かせ、生きる喜びを思い出させてくれるでしょう。

「神」

甲骨文字で揮毫《きごう》しました。甲骨文字は最も古い書の形態であり、表意された存在の呪力をそのままに映し出します。神は陰と陽をともに司り、世界のすべてでありました。天地開闢《かいびゃく》のころ、神はまだ混沌とした世界からあらゆる生命を生み出しました。生み出された個々の存在はすべて神自身であり、またすべてが神のいとし子でもありました。日本神話における伊弉諾大神《いざなぎのおおかみ》・伊弉冉大神《いざなみのおおかみ》も、そのようにして国と人とを生み出しました。

「光」

伊勢神宮内宮で揮毫しました。人の胸や体から神があらわれ、自身と鏡のように向き合っているようであるとも、墨の飛沫が世界の五大陸のようであるともいわれ、さまざまな感想をいただきました。私の書は「これ」という答えがありません。その人の目に映り、感性が感じ取るものが、その人にとっての正解だと思っています。同様に、神仏の光をどうとらえるかも、その人にゆだねられています。

あまり知られていない　この世界のこと――

世に生きる人のほぼ一〇〇%に霊がついている

私が一歩外に出ると、そこは霊体天国です。
この世は不成仏霊に満ちています。
……というと、意外に思うでしょうか？

残念ながらこの世に生きるほぼ九九・九九九九％の人は、
なんらかの霊がついています。それも何百、何千体も。

可能性を信じて一〇〇％とはしませんが、
少なくとも、いままで私が見てきた中で、どんな高名な
霊能者や神職、仙人であっても、
霊体がゼロという人は見たことがありません。
しかも年々、霊の数も悪質さも増加の一途をたどっています。

執着心がひどい人、傲慢な人、不足心の多い人、我良《われ》しで自己愛の強い人、人を愛せず人の幸せを願えない人、謙虚でない人、虚言癖のある人、競争心の強い人、自己主張や言い訳で自分の非を認める勇気のない人、お金や物・建物・衣装にこだわる人、自己保存の強い人、言動一致しない人、思いやりのない人、人の失敗をゆるせない人、卑下慢（卑下することで自分を安全なところに置く）、増上慢《ぞうじょうまん》、うそつき、鈍感、冷酷非情、頑固、見栄っ張り、思い込みの強い人、計算高い人、好き嫌いが激しい人、怒りっぽい人、いじわるな人——

これらの言葉は、不思議とどれも「重い」印象を受けませんか？
ただし、人間ならだれでも覚えがある感情です。
なぜこの世にそれほど霊がいるのか。
それは、右のような感情が原因です。
こういう感情をもったまま死ぬと、死後に不成仏霊となり、
生きている「似たような性格の人」にとりつくのです。

そういう人が生前も死後も増えてきたこと、
これが霊体天国の実態です。
単純に霊が多いからといって困ることではない？
そんなことはありません。
ほうっておくと、命にかかわる重大な事態に発展しかねません。

幽霊は重く、さびしがり屋
彼らは私たちの「さびしさ」に引き寄せられ憑依《ひょうい》し、
憑依が性格をつくる

人間の体は、物理的な体と同時に、
エネルギーでできた体でも構成されています。
この体が「エーテル体」とされ、いわば想念のかたまりです。
オーラともいわれます。

前述したような感情に支配されると、その瞬間から
体のまわりをおおっている「エーテル体」がズンと重くなり
どんよりした雰囲気をまとうようになります。
それが本人の死後に分離し、成仏できずに幽体＝霊体となり
勝手に動き出します。
すでに本人が死んでいるにもかかわらず、です。
この霊体は満足と逆の波動、つまり「足りない、もっと」という

不足のエネルギーです。
波動が低いので足元にたまりやすく、また、仲間を求めます。
不足の根本には「さびしさ」が隠れています。
霊も人も、さびしくて、一人になりたくないのです。

具体的には、霊体は似た波動をもつ生きている人の足や腰などにすがって体にとり憑《つ》き、後述する生前のカルマ（業《ごう》）と同じ行動をその人に繰り返させようとします。
これがいわゆる幽霊や悪霊などと呼ばれるものです。

霊体にとって、じつはその土地にしばられる地縛霊《じばくれい》以外は、距離はあまり関係がありません。

一瞬イラッとしただけで、似た波動を察知した霊はすぐに「お仲間だ!」と飛んできて、ピトッとその人にくっつきます。

このさびしさに同調し、「さびしくなくなった」と居心地がよくなった霊はそのままその人の中や周囲に居座るようになり、その人をイライラさせ続けます。

この状態が「憑依」です。


そうしてイライラした波動が強くなればなるほど、より強く重い霊体を引き込み、その人は霊体のデパート状態に……。

その結果、どうなるでしょうか?

答えは、いつしかそれが本人の「もともとの性格」と認識され、〝いつもイライラしている人〟と敬遠されるようになります。

お酒好きの人はアルコール依存の霊に、暴力的な人は暴力的な霊に憑依されていることもあります。

また、一部の精神病も、私から見ると憑依現象の一種です。


覚えがありませんか?

「前まであんな人ではなかったのに……」と言われる人に。

それは、往々にして憑依されてしまったために、性格までゆがんでしまった(ように見える)人たちなのです。

さらに悪いことに、霊体は霊体を呼び、どんどん悪質さを増し、最悪、その人の命を奪ってしまいかねません。

逆に、霊体が取れることで、文字どおり「憑き物が落ちたように」その人本来の人格が取り戻せるのです。

「こんな世の中でいいのかな」

動物霊を呼び寄せているのは人の欲望

霊体の中でさらに特徴的なのが、動物霊です。
動物霊に憑依されている人がそばに来ると、
ケモノのにおいがして、一発でわかります。

動物霊は、人の「欲望」に引き寄せられるといわれています。
そのため、動物霊は一般の方以外にも、芸能人や
力を欲する霊能者たちにも憑いて、透視能力や勘働きの力を
格段にアップさせてくれることがあるようです。
なかでも多いのがキツネでしょうか。

あるとき、有名人の顧客を多く抱える
霊能者の女性の前で、場所の浄化をしたことがあります。

そのとき、その女性は苦しそうにせき込んだあと、甲高い声で「コンコンコンッ」と鳴きました。

その場に居合わせた人たちはみな「キツネだ！」と思ったそうなのですが、不思議と本人だけがまったくそのことに気づきませんでした。

動物霊は、本人が願ったとおりの力を与えてくれます。

最初は純粋な気持ちで世の役に立とうと思った霊能者。動物霊は、そんな彼らの奥底に隠されたエゴを絶妙にくすぐります。知らず知らず肥大化したエゴはどんどん別の霊を引き込み、行きつく先は、「悪霊のデパート」なのです。

やがて代償として、なによりも大切なはずの自身の魂を奪われることになるでしょう。


また、愚痴の多い人はとくに注意が必要です。

グチグチ、ネチネチは動物霊が好きなもので、大挙して押し寄せます。

動物霊は傲慢なのも大きな特徴です。

卑下しつつも慢心しているので、神仏など怖がるふりをしますが、基本はなんとも思っていません。

相手の幸せを願う想念は「祈り」となり
相手に執着する想念は「念」や「生霊《いきりょう》」となり
どちらも自分に返ってくる

幽霊でも動物霊でもなく、
生きている人間自らが「霊体」を生み出すことがあります。
それが昔から、「生霊《いきりょう》」といわれるものです。
あるいは「念」ともいいます。
これは、生きている人が発する想念がつくります。
強くなにかを願ったり、恨みに思ったりすると
それが人の体からピュッと出て、相手に飛んだり、
現実世界に影響を及ぼしたりします。

「念ずれば通ず」という、この格言はじつに真理をついています。
人によって強い弱いはあれども、
「念」はダイレクトに相手に影響を与えるからです。

念といってもさまざまな種類があります。
ただ、そのしくみはとても単純なもの。
それが良いものなら「祈り」と呼ばれます。
執着などの重い念がパワーアップすると生霊となりますが、
それがどういう結果をもたらすかは、
『源氏物語』の六条御息所《ろくじょうみやすどころ》のお話など
昔から多くの物語で見ることができるでしょう。

なにしろ、生霊は生きている人間から
エネルギーを絶えず潤沢に供給されているようなもの。
そのパワーはなみいる幽霊の足元にも及びません。
私のところにはしょっちゅうこの霊体が訪問してきますが、

浄霊するのも、それはそれは骨が折れるものです。
取り扱いを注意すべき念ですが、私たち人間はだれでも
一瞬のマイナスの感情に支配されてしまいます。
仕方がありません、それが人間なのですから……。

ただ、念の怖いところは、それが相手だけではなく
自分をも攻撃してくること。
念がもつ破壊のエネルギーは、相手と自分、
両方に矢印が向いているのです。

物理で習った「作用反作用」という言葉を覚えているでしょうか。
二つの間で一方に力を加えると、同時に同じくらいの力が逆向きに

発生しているというものです。
これがまさに「念」でも同じことが起きています。

同じことを昔の格言ではこういいます。
「人を呪わば穴二つ」。

だれかを激しく想って自分のものにしようとするのも、
大嫌いな相手を強烈に憎むのも、
神仏の世界では「執着する」という点で同じこと。

その執着からくる想念が「霊体」と化して相手を攻撃し、
同じパワーであなたに戻ってきます。

しかも霊体はさびしがり屋なので、
さらに仲間を増やし、力を増してあなたのもとに戻ってきます。

相手を「イヤだ！」「嫌い！」と
思うのと同じ強さで、自分自身を「イヤだ！」「嫌い！」と
攻撃しているのだとしたら？
これほどおそろしいことはないでしょう。

なによりも、人を攻撃しているとき、
あなたは苦しくありませんか？

本当は愛したかったのではありませんか？

最後は自分の思うとおりの世界になる

霊体とは、多くの人にとっては目に見えないものです。
だからといって、「ない」のではありません。
むしろ、世の中を形づくっているのは、ほとんどが
霊体や想念によるものです。
自分のイメージ、意識、考えたこと、発した言葉、
それらによってエネルギーが生まれ、あるいは引き寄せられ、
あなた自身の思うがままの世界をつくります。
良いも悪いもなく、上も下もなく、ただ目の前には、
あなたの思ったとおりの結果である現実世界が広がっているのです。

それでは、なぜ私たちは
ここまで霊体、もしくは想念の影響を受けるのでしょうか？

理由は単純で、私たちは本質的には「霊」だからです。

霊というと違和感がありますが、「魂」ならどうでしょうか。
霊は「霊《ひ》」とも読み、この場合は魂のような意味をもちます。
そして「人」は、「霊止《ヒト》」です。
霊魂が肉体にとどまったエネルギー的存在が「人（霊止）」なのです。

以前、ある方から教えていただいた言葉に、
人は想像する主体、つまり「想像主」だというものがありました。
ものごとを想像することで、現実を創造していく力をもっているのが、
人であるという意味だそうです。
たとえば、昨日カレーをつくったとします。

その「カレーをつくった」という現実はどうやって実現しましたか?
過程はどうであれ、「カレーをつくろう」と想像したことによって、
実際に思ったとおりの現実が目の前にあらわれました。
これは当たり前のことではありません。
あなた好みのカレーは、あなたの想念がこの世に生み出したのです。
あまりに日常的なのでそれこそ意識すらしていませんが、
「こうしたい」という過去の想念と現実化の繰り返しによって、
あなたの現在はつくられてきました。

意識(エネルギー)が先、肉体(現実)があとです。
私たちはすでに何度となく、いまこの一瞬にも
望む世界をつくり出し続けているのです。

嫌いな人はあなたの映し鏡、
人を愛すれば自分が見える

あなたが望むことは現実になってあらわれます。
それは、「嫌いな人」だって同じです。
何度も同じような嫌いな人と出会ったことはありませんか？
転職しても、引っ越しても、
同じようなイヤな目にあったことはありませんか？

それすらもあなたが望んだことです。

あなたの目の前の人は、すべてあなたの意識の映し鏡です。
執着がある人、自分だけを愛しすぎる人は
人を愛する前に人を責めたり競争意識が強すぎてしまって
まさにあなたの責める心や競争意識の波動にぴったりの人を

引き寄せています。

人を愛せば自分も愛されるようになります。
まず自分が愛しましょう。
愛し方がわからなかったら、
通りがかりの人にやさしくすることからでもかまいません。
自分がどういう愛し方をしたか、あなたの愛の形は
目の前の人が鏡となって教えてくれています。

また、愛した人は年をとるほどきれいになっていきます。
愛した人とそうでない人は、
年をとるほどにあらゆる面で差が出てくるものです。

私たちは幸せになるために、そして
愛するためにこの世に生まれました。
人をねたむためでも、嫌うためでも、
上に立つためでも、戦うためでもありません。

人は、私が私として自立して
幸福になるために生まれました。
そして、生まれる前に決めてきた「やるべきこと」を
やるために命をいただいているのです。
「やるべきこと」は、愛をもって、愛で行動することで、
はじめてその姿を見せてくれるようになります。

なにが一番尊いか
才能でも力でもありません
人を喜ばせ、幸せにすること
生きているうちにどれだけ人を喜ばせ
幸せにできるか
良いことがあれば知らせてあげ
知りたいことを教え
伝えてあげる
それができる人はなによりも尊い

私たちはなぜ生まれてきたのか——

人間は遺伝的存在である
人はその生まれもった本来の遺伝のままに生活しようとする
自分の気分のままに　好き嫌いのままに
生活しようとする本性をもっている

人間は遺伝である
その遺伝が循環して　その人に出てきてその人を左右する
それが性格であり　人の幸不幸を左右する性格は遺伝による
ただし感性、気持ち、性格、心、運命は

祈りによって改変できる
親を嫌っている人は　自分が映し出される
その部分がカルマ
カルマと不成仏霊が絡み合ってあなたを不幸にする

あなたを幸せにするのは祈り
祈りによって我がなくなり　カルマに気づきやすくなり
不成仏霊が光のもとへ上がっていく
お経の目的は、我を滅して空になれということ

我を滅すると　自分が透明になり　調和が生まれ
好き嫌いがなくなる

阿呆になれなれ　計算するははかりごと
とかくみなは賢くて　大事なものがよう見えぬ
阿呆になれば見えてくる
愛なき輪にはよう降りぬ　神は愛なり真なり
己を捨ててよく聞けよ
愛なき輪にはよう降りぬ　愛なき人も御用なし

「幸《しあわせ》は自分で打ち出そう」

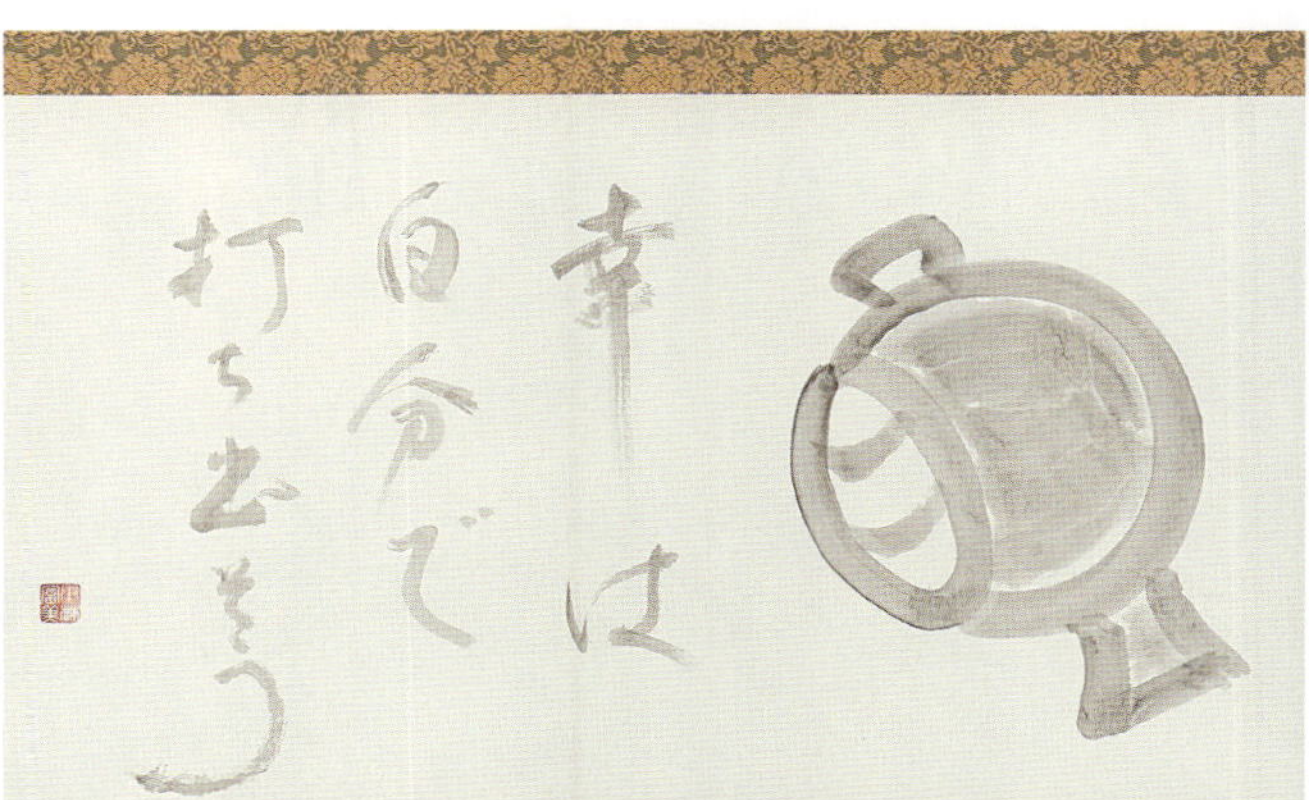

カルマは本来の自分を隠している
前世でやり残し、今世で解決すべき宿題

冒頭で、マイナスの心が引き寄せる霊体や念などが
私たちの性格をゆがませると述べました。
それはいきなり生まれたものではありません。
現在の私たちの性格、クセ、美点、欠点、
それどころか、人とのご縁、結婚相手、仕事の才能まで
いまの私たちを構成するあらゆるものは、
過去何度も繰り返された人生から引き継いでいます。

それが、「カルマ」（業）です。
私たちは何度も人として生まれ、
それぞれの課題に挑戦し続けています。
カルマは、前世で繰り返した心グセ、行動パターンであり、

とくに失敗パターンは、この人生で
克服するための「宿題」として私たちに与えられました。

神仏は、人、家庭、生育環境などまで含めて
課題に取り組むのにもっともふさわしいステージを用意して
私たちをこの世に送り出してくれました。

本当の私自身を発見し、己の使命に気づき、魂の喜びを感じることで
私たちは本当の意味で幸せになることができます。
カルマは本当の私自身を隠しているものなので
これを取り払うことで
本来の自分という姿が、鏡にはっきり映るようになります。

ただし、最初から答えがわかっている宿題などありません。

私たちは、自分で設定した宿題（カルマ）の存在をすっかり忘れて、まっさらな記憶で生まれてきます。

そして、死ぬまでの一生をかけて、
自分のカルマを知り、カルマを修正して、魂の喜びを経験して、
またあの世に戻ります。

その繰り返しを、輪廻転生《りんねてんしょう》といいます。

カルマは、自分のものと先祖のもの
二種類が存在し、
プラスのカルマは徳となって子孫に伝わる

カルマは、私たちの人生にたいへん大きな影響を与えています。

それは、マイナスのものだけではありません。
人助けをしたり、だれかの役に立ったりすると
プラスのカルマとなり、それは「徳」と呼ばれます。
そして、徳はあなただけのものではなくなり、
子々孫々に受け継がれていくのです。

徳は、光のオーラとなって人のまわりを大きくおおって
霊体から守ってくれます。
また、良縁を運んできたり、悪縁から遠ざけてくれたりします。
それが私にははっきりと見えるので、たとえば

「この人は三代前のおばあちゃんが人格者だったのだな」
と徳を積んだご先祖さまがわかったりするのです。

あなたが子どもに伝えられるもので、もっとも価値があるのは、
お金や土地などの財産ではありません。
こうした「徳」こそが最高の財産です。

カルマといってもさまざまなものがあります。
あなたの生き方次第で、それはプラスのものにも
マイナスのものにもなり、そっくりそのまま子どもに受け継がれます。
もしくは、次の人生であなたを助ける人脈や特技となる
プラスのカルマもあるでしょう。

それらは、遺伝子では測りきれない
もうひとつの「遺伝」であるといっても
過言ではありません。

したがって、あなたが取り組むべきカルマは「自分の前世」と
もうひとつ、「先祖のカルマ」の二つがあると考えてください。

親子で性格が似る、同じ病気にかかりやすいというのは、
すべてではありませんが、一部では先祖代々のカルマを
引き継いでいるということもあるのです。

無視・無関心・無責任の三悪が世界を滅ぼす

カルマの中でももっとも問題があるのは、
「無視・無関心・無責任」です。

これはだれもが心の中に飼っている小さな悪魔で、
あまりに身近なのでカルマだと気づきにくいものです。
ちょっとしたことで魔が差した、つい見て見ぬふりをした、
そんなことは人生の中でいくらでもあるでしょう。

ただし、世界の悲劇はどうやって始まるのでしょうか。
一人の悪人のせいでしょうか？
そうではありません。
一人でできることなどたかが知れています。

その一人の悪行を無視し、困っている人を無視して、
起きている現象に他人事として無関心を貫き、
その結果の責任から逃げる、
「私たち」こそが悲劇を起こす主役、最大の悪なのです。

いじめ、不正、組織的犯罪、そして戦争。
テレビでも毎日のように報道される悲劇や悪事は、
すべて私たちの大小のカルマが結集して起こります。
本来、私たちはだれ一人として部外者ではありえません。

人が大きく道を外れてしまっているとき、
往々にして自分ではなく他人に決定権をゆだねてしまっています。

悪い意味で、自分がなくなってしまっているのです。

目にみえぬ　神にむかいてはぢざるは
人の心のまことなりけり

これは明治天皇の詠まれた歌です。
本当の誠というのは、
人前でだけ良く見せることではありません。
だれも見ていなくても、神に対して
恥ずかしくない行動をとり、道理を守っているか、
自分自身の心につねに問いかけていたいものです。

「道」

日本は古来「道」を尊ぶ文化があります。書道、華道、武道など、諸芸に「道」とあるのは日本のみです。道とは技術だけではなく、高い精神性をあらわしたもの。師からは精神性を学びましょう。師を選ぶときは、「道」を極めているかどうかを見ましょう。思いやり、公意識をもち、物事にとらわれない人か。書は人なり。一本の線にはこれらがすべて出ています。

カルマは、自分の「我《が》」の出るところで
ガーガーと主張している

それでは、「カルマ」とはどうやって見つけるのでしょうか？

答えはかんたんです。
自分の「我」が一番出ている部分、つまり、
「一番人に迷惑をかけている部分」です。

あなたの中に、どうしても捨てられない、
やめたいのにやめられない欠点はありませんか？
もしくは、自分ではそれほどとは思っていないにもかかわらず、
何度も指摘される部分はありませんか？

たとえば、どうしてもこだわりが捨てられない。

たとえば、どうしても美醜《びしゅう》にこだわってしまう。
たとえば、どうしても人を責める。
被害者意識が強い。
責任感が薄い。
わがまま。
薄情……など、程度の大小はありますが
こういった部分は、結局は他人よりも
「自分」=「我」を
優先してしまっているところです。
それがカルマであり、今世で解消すべき課題です。
カルマというと大げさですが、いわばあなたの性格上の欠点です。

同時に、もっとも霊体が引き寄せられやすい部分であり、
あなたが油断していたり、余裕がなくなったりしているときに
一番に狙われてしまう弱点でもあります。

また、「我」はうるさいもので、いつも
「自分ガー　自分ガー」と
ガーガー主張することをやめません。

「我」の声にかき消されて、他人の声や
自分の中にある良心の声は聞こえなくなっています。

「我」と「念」とカルマはつながっている

たとえ話をしましょう。

あるところに、「頑固で、人の話を聞かない」という
「我」の強い部分をもつ人がいました。

そういう人は、自分が正しいと思っているので、
だれかに批判されたり、諭されたりすると
「なにを私に向かってえらそうに！」と怒ります。

怒るとどうなるでしょうか。
そうです、「念」が飛びます。
強い念は「生霊」となって相手を傷つけ、

同時にその波動に引き寄せられた霊体が大挙してその人自身をも攻撃します。

あまりに強い「我」だと、「念」もそれに応じて強くなります。

そうなると、霊体も当然、強力なものが来ます。


その人はどうなるでしょうか。

結果は、飛ばした念で相手を不幸にしました。

頑固で話を聞かないので、人の恨みをかって人望を失いました。

自分自身の念で大量の霊体に憑依され、つねに人を疑い、自分以外を信じられず、心と体の健康を損ないました。


こうなってしまうともう「カルマ」のできあがりです。

最終的に宿題は増え、次の人生へともち越されました。

その人は、最初は「自分の頑固なところを直そう」と
思って生まれてきました。
頑固なところが直り、他人の批判に耳を傾ける余地ができれば
頑固さというカルマにおおわれていた
その人自身の意志の強さがプラスに働き、
もしかすると偉大な指導者になったかもしれません。

すべては仮定の話です。
それでも、「我」、そして自分の生み出す「念」が
どうカルマに育つのか、おわかりいただけたのではないでしょうか。

「亢龍有悔《こうりゅううくいあり》」

中国の『易経』にある言葉です。あまりに高く昇りすぎた龍が後に引けなくて後悔しているさま、転じて、地位が上がりすぎた人間の傲慢さや周囲の言葉に耳を貸さない危険性を教訓として教えてくれます。人の上に立つというのは、それだけの大きなお役目があるからです。ただし、「我」によって向き合うと、お役目は一転して「カルマ」になります。偉いのは立場であってその人自身ではありません。真摯に、謙虚に、周囲に感謝し、反省懺悔《ざんげ》を忘れずに。

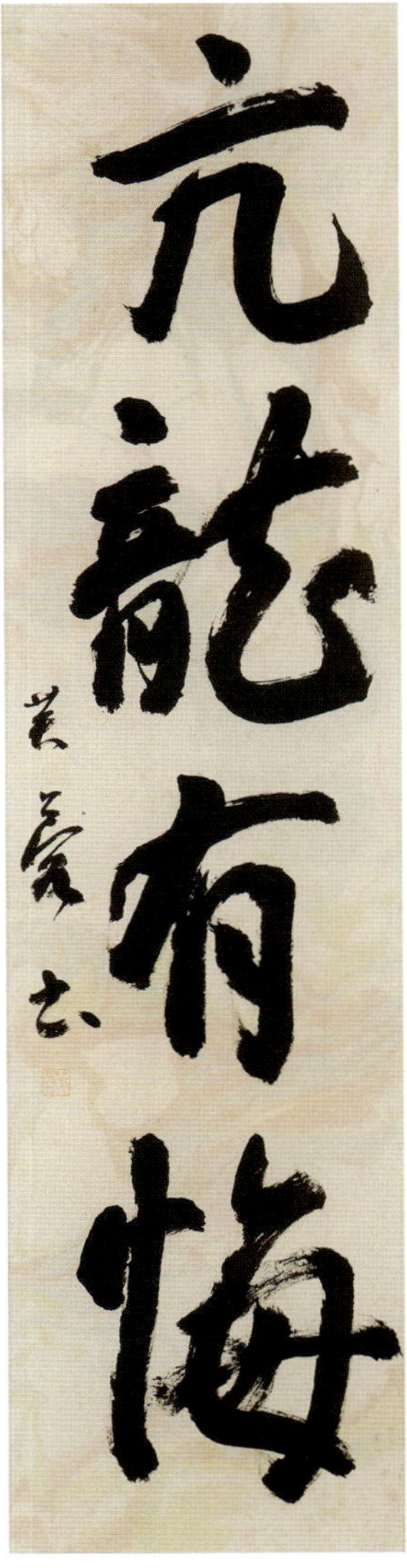
亢龍有悔

カルマを今世で解消するには「決める」こと——逃げれば、何度でも繰り返す

カルマについては、おそらく多くの人がすでに同じ指摘を何度か受けているのではないでしょうか。

なぜ何度も言われるか。何度言われても直らないか。

それは、あなたが今世だけではなく、過去で何度も修正に失敗して、「心グセ」になってしまったからです。

一生どころか、何十生、何百生かけて培ったがちがちのクセは、そうかんたんには修正できません。


ただし、この心グセを一代で修正できる方法は、あります。

「自分のカルマに気づいて、絶対に逃げないで取り組むと決める」。

これだけです。


逆にいうと、カルマは逃げるとどこまでも追ってくるということ。

行く先々で同じような困った人に当たる人。
どこへ行っても同じパターンの失敗に陥る人。
はたして、それは運が悪いだけでしょうか？
違います。一度つくられたカルマは、解消しない限り、
何度でも形を変えてやってきます。
「自分以外のなにかが悪かった」、
そう考えている限り、同じ現象は繰り返し起こります。

なぜ、逃げようとしても追ってくるのか。
無意識下にある、前世で経験したカルマの恐怖が何度もよみがえり、
鏡となって何度も現実化されるからです。
心理学者のフロイトは「無意識」を発見し、

無意識こそが人の意識の九割を占めるとしました。
この九割の無意識下では何度も繰り返した失敗パターンが蓄積され、
あなたのトラウマをちくちくと刺激し続けているわけです。
もう痛い思いはしたくない、そう思うのも無理もありません。
ただ、いまはそこに焦点を当てないでください。
焦点を当てれば当てるほど、より現実化するだけです。
理由もわからず繰り返す過去生のカルマ、
無意識下にあるそのさらに奥に、神さまと約束した
「本当のあなたの光る魂」が、磨かれるのを待っています。
光に焦点を当てると、光に見合った現実があらわれます。
どうか向き合うことを恐れないでください。
そこにこそ、光はあるのですから。

結婚は結魂であり
一生かけた修行となる

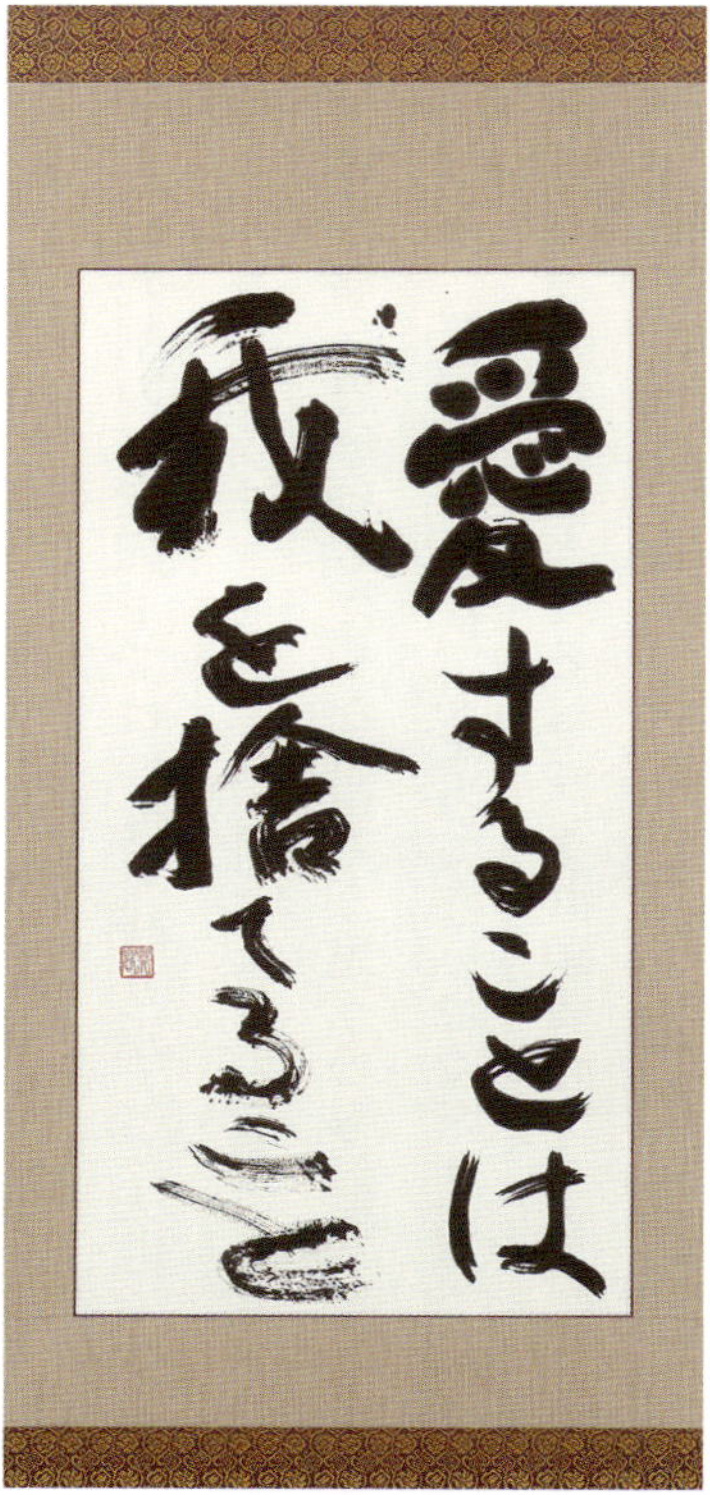

カルマの解消に深く関わる出来事のうちのひとつに
「結婚」があります。

結婚は「結魂」とも書きます。

結婚は、単なる当人どうしの都合で
行なわれるのではありません。
一組の結婚の後ろでは、本人の親、そのまた親、
そのまた親……、といった先祖代々の因縁が
複雑に絡み合っています。

特定のカルマの解消を目指して

「よし！　この組み合わせでがんばろう！」

このようにお互いのご先祖さまの総意が働いているわけです。

つまり結婚は、個人の好き嫌いというレベルに留まらず

カルマの中でもとりわけ重いものを解消するために

組み合わされた男女のペアです。

したがって、離婚をしても、相手を変えて

同じようにカルマ解消の機会がやってきます。

最初の相手で解消できなかった分は、

別の相手、もしくは来世で取り組むことになるでしょう。

結婚は修行です。
これはまごうことなき真実です。

独身の方にとっては夢も希望もない話かもしれません。
ただし修行といっても、前向きな愛の修行です。
結婚とは、相手に自分を幸せにしてもらうのではなく、
自分が相手を幸せにするもの。
前向きにやろうとするか、イヤイヤやろうとするか。
相手と愛し合い、お互いに協力しながらするか、
相手を憎んでそっぽを向きながら目をそらし続けるか、
取り組み方次第で、同じ修行であっても
心もちも結果も大きく変わっていくでしょう。

私の亡き夫は魚が好きでした。
私は魚より肉が好きだったのですが、
好みに合わせて鮮魚店に通って勉強しました。
やわらかいご飯も夫の好みだったので、
ずっとやわらかく炊いて出しました。
主人の言うとおりの時間に風呂に入っていたため、
まだお湯が沸いていない水風呂にも入りました。

すべて修行だと思ったからです。

そんな主人は、たいへん気むずかしい性格でしたが、
晩年は「ありがとう」と言って感謝を伝えてくれました。

私はもうそれでいいと思ったのです。

愛するということは、「我」を捨てることです。
「我」を捨てて相手に向き合えば、
相手はそれを鏡のように映し出して
その人の一生の最後の瞬間に至るまで返し続けてくれます。
こんなすばらしい関係もないでしょう。

終わりよければすべて良し。
結婚は一生かけてお互いが成長できる、
またとないチャンスです。

「赤い糸」

この世、そして人の一生も、縁が縦糸と横糸になり織り合わさって編まれた複雑な反物のよう。どの糸も世界を構成する大切な一要素。一本の糸があなたとどう縁を結んで、どのような色をなし、どのような模様を描くのか。全体図は最後にしか見えませんが、できるだけ美しく織り上げたいものです。

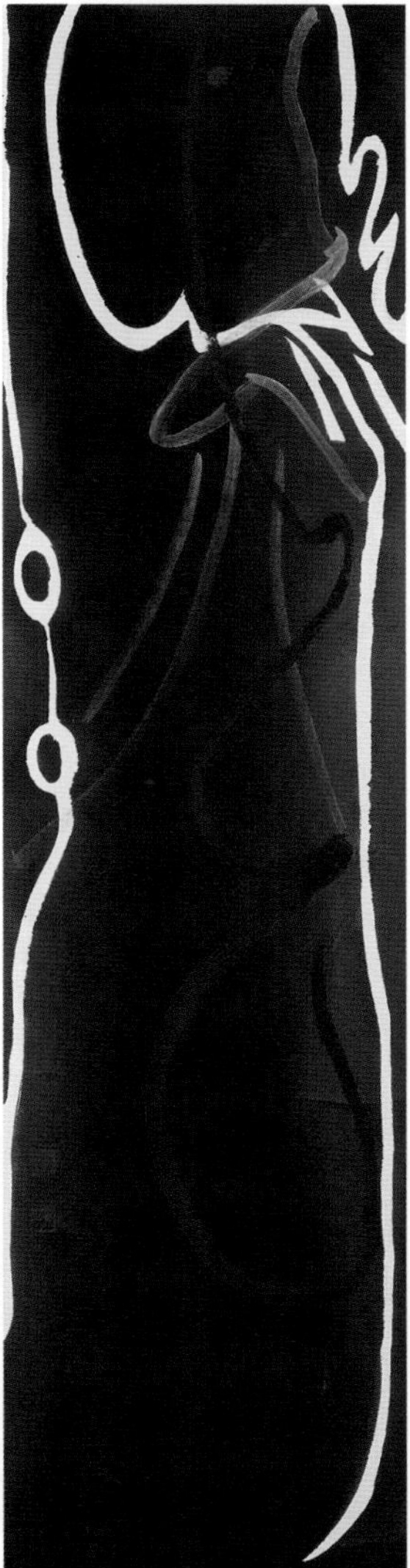

家族ゲンカでこそカルマは噴き出す

家族というのは、数ある人の縁の中でもとくに濃い間柄です。
家族は強制的なつながりによってなかなか縁が切れません。
そのため、あなた自身のカルマも、ご先祖さまのカルマも、
とりわけ大きくて解消に時間のかかるものは
家族との関係性の中で色濃く出てくる場合があります。
じっくり時間をかけて取り組んでいく必要があるからです。

あなたと親、あなたと子ども、あなたと夫（妻）は、
それぞれが極太の糸で結ばれ、ともに大きな
カルマを解消するために出会いました。
したがってもっともわかりやすく、

カルマを指摘してもらえる場。
それもまた「家庭」です。

家族ゲンカは、ただのケンカではありません。
そこは霊的に特殊な場であるといえるでしょう。
家族というのは、過去の人生でも親子や夫婦など、
近しい関係にある人が少なくありません。
それだけに、何度も濃いカルマのレッスンを繰り返してきた
貴重な相手でもあります。
つまり、自分よりもはるかに、相手の魂のほうが
あなたの「カルマ」に敏感であるといえるのです。
あなたが過去の人生で亭主関白であったなら、

ケンカのときのセリフは「いつも勝手言って！」あたりでしょうか。

このとき、あなたと相手の両方にカルマのレッスンが降りてきています。

はたしてそのセリフは、今世のことだけを指しているのでしょうか？

連綿とつながっている前世から来ているものではありませんか？

正解は本人にも、だれにもわかりません。

ただし、意味がないと切って捨てるには

あまりにも的を射ていることが多いのも事実。

「確かに、これが私のカルマだ」と

いったん認めることがカルマ解消の第一歩です。

親子関係も深い意味がある

夫婦関係だけではなく、親子関係も
同じくらいか、それ以上の因縁があります。

とくに女性どうしの強さは尋常ではありません。
女性は感情の力が男性よりも一般的に強いもの。
おなごは「おな業」と書くほど、女性の因縁は
複雑で強く絡み合っています。
母と娘は、前世では場合によっては敵どうしだったことも。
殺し合ったり、奪い合ったりしたこともあったかもしれません。

お互いの過去の姿を鏡のように反映して
何度も何度も立場を代えて巡り合っている、それが親子です。

もっというと、親子関係はいわば「回数の多い再試験」です。
苦手分野といってもよいでしょう。
過去では解消しきれず、今度こそなんとかしようと
あなたたちは、再び親子として生まれてきました。
そう考えると、関係性が多少ドロドロしていたとしても
かえって、あきらめがつきませんか？

近しい関係で巡り合うのは、それだけカルマが強い証拠です。
あなたと、あなたの親（子）は、どんなカルマがありますか。
なにを解消しようとして、生まれてきましたか。
いま、どんな問題を抱えていますか。

それは問題ではなく、今世で解決すべき課題であるだけ。
だから大丈夫です。安心してください。
なぜなら、あなたも相手も「それ」を解消するために
お互いを選び、
わざわざこの世に生まれてきたのですから。

家庭の平和なくして
世界平和なし

私は世界平和を願いながら、世界各地で
書を書いています。

ただし、どんなに壮大なことを願っても、
家庭は世界平和の最小単位です。
幸せな家庭がたくさん集まって、幸せな国、
幸せな世界ができあがるのです。

まずは家庭の平和維持に努めること。
それがあなたの世界を平和にし、愛のある人生を送る
一番確実な方法です。

すべての宗教は「我」をなくすための修行

僧も神職も、どちらも「我」を滅する修行をします。
示し合わせたわけではなく、どの宗教も、修行の目的は同じ。
すべての宗教は、原理原則においては、
「我」をなくすための修行に尽きるといっても
過言ではありません。
お経も祝詞《のりと》も掃除も山での荒行も、
どれも「我」を取るための修行の一環であるといえるでしょう。

なぜ、それほどまでに「我」を重要視するのか?
それは、宗教が本質的に「人間を幸せにする」ことを
目的としているからです。
そして、人が幸せになるためにもっとも邪魔となるもの、

それが「我」だからです。


「我」によって私たちは本来の光輝く魂がおおい隠され、自分という鏡が曇らされます。

そうすると神仏からの光も届く前にゆがんでしまい、霊体の波動を受けやすくなります。

すべての不調和は「我」を主張することから来ています。

それほどに「我」というものはやっかいなものなのです。


現実でも「我」が強いと人は嫌われ、不幸になります。

「我」が強い部下のいる国や会社は滅びます。

政治家は我、我と互いに足を引っ張り合います。

義父は田中角栄の懐刀といわれる政治家でした。
対アメリカ交渉の実務を一手に担い、政務次官まで務めましたが、
条約調印後すぐに政界を引退し、自ら五穀を順番に断って
即身仏のように亡くなりました。
角栄は葬儀の間、号泣して追悼の記事まで出したそうです。

自らの引き際をわきまえ、死期まで設定して
活躍の場を次世代にゆずった義父。
「我」ではなく「大我」をもって生きた人でした。
おそらくたいへんめずらしいタイプの政治家であり、
いまも一人の人間として尊敬しています。

「燈《ともしび》」

宗教は、人を脅したりお金を出させて不幸にしたりするのではなく、広く公に、多くの人の心を守るのが本来の役割です。真の宗教者は、真理や愛によって人の心にあたたかな燈火を灯らせ、平穏や幸福をもたらします。人のために火をともし、火を分け合える人になりましょう。冷たさよりもあたたかさをたたえ、責めるよりもゆるす人でありましょう。

人間はあの世でもカルマのレッスンを積んでいる

私たちは、カルマの解消をして身軽になるために、
人のために動いて幸せになるために生まれてきました。

それでは、死んだあとはのびのびできるのか？
実際のところ、それには否といわざるをえません。
私たちは全員、死後は魂となって六道巡りをするからです。

死後の世界は、私たちが生前どれくらい
カルマの解消に取り組んだかの程度によって
六つに分けられます。
たとえ夫婦や親子であっても、同じ場所には行けません。
そしてその六道でもカルマの修行を行なっているのです。

六道とは、衆生(私たち)が死後に
カルマ(業)によって住むところが決められる道です。

因果応報の理にしたがって、死後の世界は六つに分かれます。
衆生が輪廻する範囲の世界に行く道程なので、
六道といいます。

地獄道

怨・色情・傲慢な人が堕ちる場所

餓鬼道

もの惜しみ・貪《むさぼ》り・嫉妬の人が堕ちる場所

畜生道
愚痴が多く、他人の恩に報いない人が堕ちる場所

修羅道
四六時中戦い続け、人を責める人が堕ちる場所

人間道
自分が不浄の身であるという自覚をもって修行をする場所

天上道
苦のない場所とされるが、快楽のみではなくここでも修行を続ける

それぞれの道では、生前につくったカルマを延々と
繰り返し味わっています。
気づくまで戦い続け、気づくまで貪り続けます。

ちなみに、あの世でも修行は続きますが、
その効果は現世の七〇分の一しかありません。
あの世で七十年間がんばっても
この世の一年分にしかならないのは、
さすがに非効率といわざるをえません。

それだけ、体をもって生きるという意味は大きいのです。
現世でカルマに取り組む必要性、わかりましたか?

地獄へ向かって歩き
世界を滅ぼすのも人間ですが
愛をもって神と通じ
世界に光を満たすのも人間です

心の豊かな人は光でおおわれていますが
愚痴や不平不満、怒りや執着が強く傲慢な人は
周囲の雰囲気を壊して
不調和で光が見えません

それは決してごまかすことができないものです
心がいびつだとその人の人生を狂わせ
個人の不幸が社会に影響を与えます

霊界も鏡
人間の心と裏表をなして存在しています

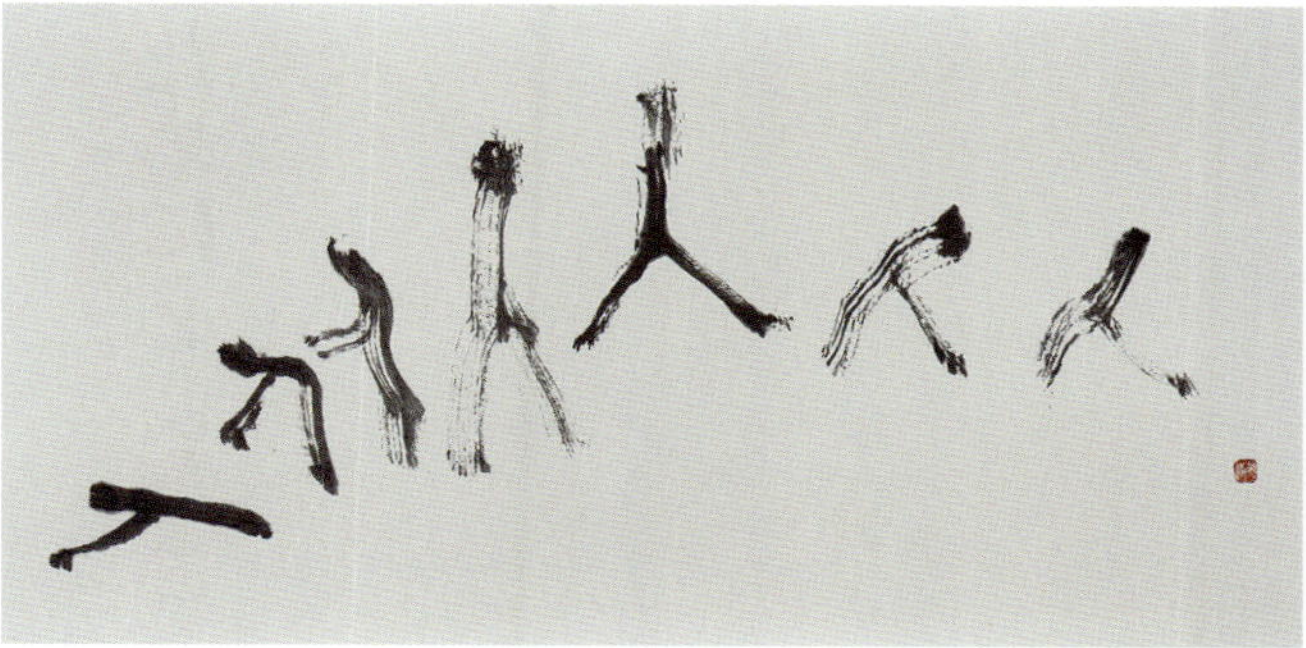

「人」

生まれてから老いて死ぬまで、長いようで短いのが人生です。
あなたはいまを精一杯生きていますか？

私たちが幸せになるために必要なこと

地獄に落ちた霊の中には、
「嫉妬」で命を落としたパターンが多く見られます。
嫉妬は人間を向上させることもあり、否定はできません。
これは善しあしで測れない永遠のテーマです。

ただはっきりいえるのは、
嫉妬は競争を生み、競争社会をつくり、
国と国との嫉妬は戦争に発展します。

私も老いてこのテーマに取り組んだことがありました。
結果としてわかったのは、
出る杭は打たれるが、出すぎた杭はぶら下がられるということ。

嫉妬に焦点を当てると、意識の鏡に嫉妬が大きく映ります。
その結果、嫉妬する人になり、嫉妬されるようにもなります。
自己主張、自己保存、傲慢、目立ちたがりは嫉妬の温床です。
平和や調和のためには、己の立場を知り、
謙虚さと身口意一致で臨むしかありません。

私は、さまざまな修行を経て
己を知ったとき、嫉妬の念が消えました。
「いったい、自分は人をうらやむほど、競うものがあるのか？」
「年老いて、なんのとりえもないただの人間が
他人をねたむことができるのか？」
こう、素直に思うようになったのです。

私はなんとちっぽけな人間でしょう。
己を冷静に見つめれば、嫉妬などできようはずもありません。
他人と比べず、ひたすら誠を尽くすことで、
いつしか出すぎた杭となったようです。

それでは、この世で霊体に支配されず、
自分自身が地獄霊とならない
私たちが本当に幸せになる方法はないものでしょうか。

あります。
己をなくして祈ること。
感謝とともに真面目に生きることです。

祈

「祈《いのり》」

（114ページ）

頭を垂れて祈る姿は、世界共通でだれでも謙虚な姿です。神仏には願いごとではなく、感謝を捧げましょう。もしも願いがあるのであれば、「すでに叶ったことをありがとうございます」という感謝の意識を先に捧げましょう。感謝の高い波動を受けて、現実が鏡となって反映されます。

「佛《ほとけ》」

（115ページ）

神道が「誠」、キリスト教が「愛」を教え、仏教は「慈愛」を教えます。慈愛は慈悲です。仏は、人間の悲しみやつらさに寄り添い、あらゆる悩みの助けになれるように、観音さま、お地蔵さま、薬師如来さまなどその姿をさまざまに変化させました。

天に通じる生き方

祈りは手段

手を合わせて目を閉じ、頭を垂れて祈る姿は、
どの宗教でも、洋の東西を問わず謙虚な姿です。

私たちは、「我」やかたよった教育によって
勝ち負けへのこだわりや、自分が自分が、と主張する生き方に
ずいぶん慣らされてきました。
また、それが正しいものであると
長い間信じてきました。

しかしながら、本当に魂が求める生き方は
生まれる前に決めてきています。
神さまとともにあり、天に通じるまっすぐな生き方です。

祈りは、それ自体が神への畏《おそ》れ、敬愛の表現です。
自分以外の大いなる存在への畏敬《いけい》の念をもち、
他人の幸福を祈るとき、
私たちの「我」はなくなって
本来の生き方を思い出させてくれます。

生きているうちに「祈り」の大切さに気づき、
公意識と捨て身や愛をもって生きることで、
地獄への道から方向転換ができます。
それこそが、唯一の運命転換の方法です。

一生懸命で素直、正直者の頭に神さまは宿り、応援します。

愛の祈りは、あなた自身を救うとともに
まわりの人やご先祖さま、不成仏霊をも救う手段なのです。

毎日の習慣に祈りを取り入れましょう。
祈りとともに人のために生きましょう。

ちなみに、推奨の祈りは、
○般若心経《はんにゃしんぎょう》　一〇〇巻
○舎利礼文《しゃりらいもん》　一〇〇巻
○光明真言《こうみょうしんごん》　一〇〇〇巻
以上を毎日唱えることです。

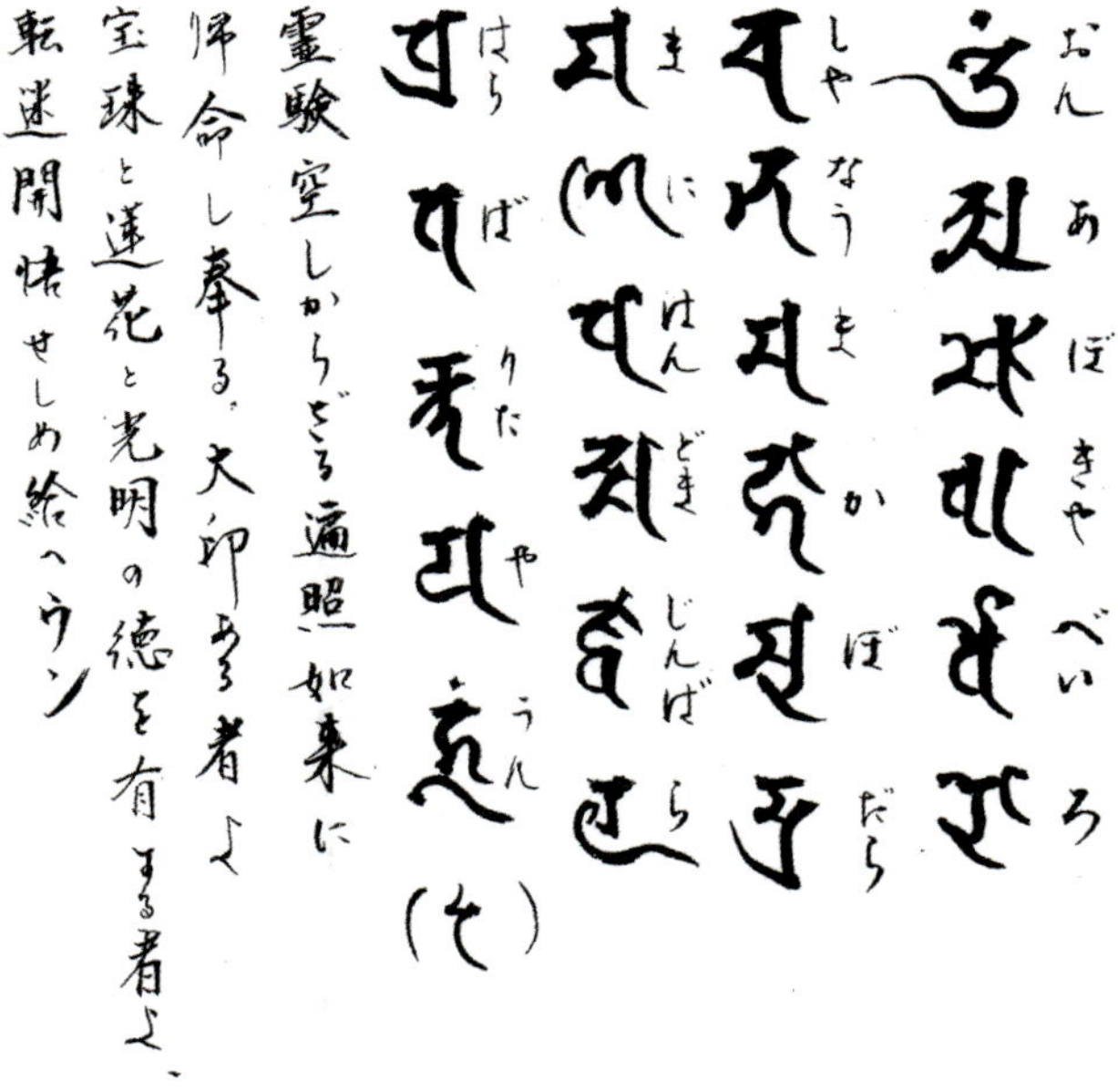

「光明真言《こうみょうしんごん》」

真言宗でたいへん重要とされる御真言《ごしんごん》ですが、発するエネルギーは宗派を問いません。宇宙の中心たる大日如来《だいにちにょらい》さまへの祈りの言葉であり、声に出して唱えることで、とても強い浄化の力が働きます。

「如意宝珠《にょいほうじゅ》」

日本三大如意輪観音の寺と称される神呪寺（上）・観心寺（左）・室生寺（右）でそれぞれ揮毫しました。如意輪観音さまは如意宝珠をもち、思うがままの世界を実現する力があります。ただし「我」によるのではなく、大我（公意識）と慈愛の心をもってはじめて実現します。この如意宝珠に手を当てて「オン　アラタンノウ　マニバザラタラク」と御真言を唱えましょう。

先祖への祈りによっても カルマは解消できる

ご先祖さまのために毎日祈ることも大切です。

なぜなら、先祖代々のカルマを解消するためには祈りによって多くのご先祖さまの不成仏霊にアプローチする必要があるからです。

生かさせてもらっている自分につながる先祖代々の営み、血のつながりに感謝しましょう。


時間を決めて、仏壇の前に座ってお経を唱えましょう。

仏壇がなかったり、外出先であったりしても、「いまから○○家先祖代々の供養を始めます」と言って始めます。

お線香は昔ながらの古い香りや少し高価なものがおすすめです。伽羅《きゃら》の香りであれば、よりご先祖さまは喜びます。

お供え物は、顔のわかるご先祖さまなら本人の好きなお菓子とお茶、加えて、水子にお供えする甘いお菓子とミルクを用意します。

「召し上がれ」などやさしく声をかけながらお供えしましょう。

水子のいない家系はひとつもありません。

できれば、位牌といっしょに、かわいいお地蔵さまをちょこんと置いてあげてください。

それが水子にとっての位牌となります。

ご先祖さまの徳というのは、善きもあしきも子孫に受け継がれます。

祈れない人の多くは、代々のご先祖さまの徳がないのが原因です。

それでも一巻でも、一巻でもと祈ることが大切です。

最初は苦痛にも感じますが、続けていくうちに霊体が成仏していきどんどんやりやすくなっていくでしょう。

また、祈っている最中に我慢できないほど眠くなることがあります。
それは、ご先祖さまにお経が足りていないから。
みなさん、あなたのお経を取りに来ているのです。
のどが渇いてつらくてしょうがないときに
水を与えられた旅人のようなものです。
あなたのご先祖さまは、やっと来た甘露《かんろ》を
ごくごく飲んでいると思ってください。
ただし、お経を唱えながら眠ってしまうと、
今度は悪い霊体があなたの体にスッと入り込みます。
唱えながら寝てしまうことは避けましょう。

現象は〝気づけよ〟という神からのメッセージ

自分に執着する人は自分自身に
子どもに執着する人は子どもに
お金に執着する人はお金に
会社に執着する人は会社に
家庭に執着する人は家庭に

なにかの問題が起こります。
これを霊的なしくみにおいては「現象」といいます。

たとえば、病気は代表的な現象のひとつです。
心に品物が山と積まれるような状態、つまりマイナスの想念で
いっぱいにおおわれてしまったとき、

体に病気という現象があらわれます。
ちなみに、「体に品物が山と積まれて病になる」を漢字で表現すると「癌《がん》」となります。

どれも大切なものだからこそ、失うのは怖い。
ただし、こう考えてはいかがでしょうか。
「どれも最初から自分のものではなかった」と。
家族だって仕事だって神さまが与えたものです。
子どもも、あなたの所有物ではありません。
「我」を出して自分のものにすれば奪われます。

さらにいうと、奪われること自体も、生まれる前の自分自身が「そう」決めてきて生まれてきました。
「もしも欲しがりすぎたら、神さまどうぞ奪ってください」と。

これが神一厘のしくみに入るということ。
表面だけ九分九厘、あなたにとっての理想の世界が
そこにあったとしても、それはいつわりの曇った鏡の世界。
最後の一厘で神の現象があらわれます。
これは罰ではなく、大いなるものの愛だと思います。
気づけよ、気づけよという愛の言葉であると同時に
それ以上カルマをつくらせないための、やさしいしくみです。
現象は気づくようにとのメッセージです。

感性を磨いて、軽いうちに現象に気づきましょう。
そこから、自分を反省懺悔《ざんげ》して
感情を浄化すれば、それ以上の「気づかせ」はなくなります。

現象は、心からの気づきと反省をうながすためのもの。
本人が気づけば、現象はなくなります。
変化した意識を受けた現実世界が鏡としてあらわれるからです。

ある若い女性ががん宣告を受けました。「ステージ４」でした。
そんな彼女はある日、ある音楽家のＣＤを聴く機会がありました。
もうなにも失うものがなくなった真っ白な心でその音楽を聴いたとき、
突然、彼女の心の中に光が差したのです。

彼女は音楽によって自分の心を見つめ直し、
それまでの自分を心から反省し、
神仏への感謝を思い出しました。
死へ向かう自分ではなく、いま命がある自分、
生かさせてもらっている喜びと神仏への圧倒的な感謝です。
感情が浄化された彼女は、出せない声で祝詞を唱え、
般若心経を唱える日々を一年半以上送り、あるとき
不思議と体調がよくなっていることに気づいたのです。
ステージ４のまま、日常生活が送れていることに。

うそみたいですが、本当の話です。

「命」

人が何かを捧げもっているようにも見えます。命はいただきものであり、私たちは生かさせていただいています。いずれ神にお返しするものであり、また次の人生が始まるそのときに賜るものです。

命

手ばなすのは、失うことではない

もしもいま、あなたがなにかをあきらめられなくて、
なにかを手に入れられなくて苦しんでいるとしたら。
そこから抜け出す手段はただひとつ。
大切なものへの執着を手ばなすことです。
それも、心からの感謝をもって。

たとえばお金が大切なら、お金を。
あるいは愛する人があなたの執着になっていて、
ただ愛することができなくなっていたら、
その気持ちを手ばなしてください。
過去の私の命を輝かせてくれて
ありがとう、という感謝とともに。

「手ばなす」のは失うことではありません。

言い換えると、いったん神さまにお返しするということ。


「死にはしないし」

「死ぬよりはまし」

昔から冗談半分で言うことがありますね。

これもそのとおりです。

命があれば、いくらでもやり直しのチャンスがあります。
あなたの世界があなたの思うとおりの鏡の世界の
因果律で動いているのならば、
あなたが生きている限り、いつか、遠い未来になったとしても、戻ってくる運命のものは、戻ってきます。
なぜなら、心を離して手ばなすことで、
執着が愛に昇華することもあるからです。
そして、神仏は愛をけっして奪いません。

それもまた、神一厘のしくみです。

大切なものがあることで苦しんでいるとき。
いったん「神さまにお返し」してみましょう

「水」

水はサラサラと流れ、ひとつのところにとどまりません。世界中のあらゆるところで姿を変えて流れ、循環し、命を生み出し、人々を癒やします。私の書は水のエネルギーであり、このエネルギーで人々が癒やされてくれることがなによりの喜びです。

相手の行動に「我」を挟まず――相手をゆるし、徹底的に受け入れる

昨今では親から子どもへのネグレクト、そして
家庭内暴力などの親子問題も取りざたされています。
もちろん、命がなにより大切です。
緊急事態には、カルマのことなど考える間もないでしょう。
命を守るために現実的に対処できることがあれば
最善を尽くさなくてはなりません。

いまもしあなたが人との関わりの中で
しんどい状態にいるとき、あなたができることは、
相手に変わってもらうことを期待するのではなく
自分の心を変えることです。

なにかつらいこと、理不尽に奪われたと思うことがあると、
まず人は相手を責めます。
相手がいなければ、世の中を責めます。

これは、責めているように見えて、
相手に期待しているという心のあらわれです。
「なんとかしてくれないかな」
そう期待するから、相手が自分の思うとおりに
動いてくれなかったときに、
悲しくなり、それが怒りに転化するのです。

「我」を小さくする最高の修行は、

ゆるし、受け入れること。
自分も、相手もです。
あれがイヤだ、これが嫌いと人を判断することなく
損得なくゆるし、愛して、受け入れることは
この世で一番むずかしい修行です。

それでも、ゆるしてあげてください。
まずは相手ではなく、自分を。
そして、いつかは相手を。
あなたがゆるすことで解決するとは限りませんが、
最初にあなたがゆるさない限り、地獄からは抜け出せません。
本当は愛されたかった、仲良くしたかった、

こんなはずではなかった、その悲しみを無理に
封じ込める必要はありません。
傷ついた心は、すぐに癒やされるものでもありません。
まず、がんばった自分をゆるしてあげましょう。

もともとゆるせなかったから、カルマになったのです。
いつ、そこから抜け出すのか、そのスタートを決めるのは
あなた自身です。

あなたがカルマのレッスンに取り組んでいるのと同様に、
相手もまた、カルマのレッスンの途中です。
相手はまだ、これからたくさんの学びが控えているのです。
悲しみを手ばなすことができたとき、

あなた側のカルマのレッスンは一段階進んだことになるでしょう。

こうした俗世においての修行は、
毎日の心の使い方、日々の行動の一つひとつが
厳しく問われ、「荒魂《あらたま》の行」といわれます。
この行がじつは一番の荒行。
荒行ではありますが、取り組んでいるときには、
その人はすごい勢いで徳が積まれ、
魂は磨かれ、輝きを増していきます。

ちなみに、嫁姑の関係なども
この修行のひとつであるといえるでしょう。

「ありがたい、ありがたい」と言い続けると本当にありがたくなってくる

私たちの世界は、私たちの意識とダイレクトに
つながっています。
そして私たちの体も、私たちの意識とダイレクトに
つながっています。

ショックを受ければ胸が痛みます。
逆に、散歩をしたらモヤモヤが晴れてすっきりします。
心が感じれば体も感じ、
体が動けば心も動くのです。

いまがつらい、しんどい。感謝なんてもてない。
そういう場合は、体から意識にアクセスしましょう。

なにか逆境に陥ったとき、困ったとき。
理不尽な目にあったと思ったとき。
だれかをゆるせないと思ったとき。

「ありがたい、ありがたい」

こう、つぶやいてみましょう。
「よかった探し」をしてみるのもおすすめです。

「ありがたい、これのおかげでいい人に出会えた」
「ありがたい、失敗したおかげでもっといい解決法が見つかった」
「ありがたい、失ったおかげで本当に大切なものがわかった」

最初は無理して言うことが多いかもしれません。
それが次第に、不思議と心からありがたくなってきます。
言葉どおりの現実が引き寄せられることすらあります。

体に意識が引っ張られ、
その意識が現実をつくり出す。
これが「言霊《ことだま》」のパワーです。

「ありがたい」で、もし気分よく一日が過ごせたら、
三日、一週間、一カ月、半年と続けてみてください。
そのころには、あなたをとりまく現実が
変わっていることでしょう。

ありがとう、ごめんなさい、おかげさま

これさえあれば人間関係はバッチリ、
しかも波動も高くなるという言葉が三つあります。

それは、「ありがとう、ごめんなさい、おかげさま」。

感謝をして、自分の非を認めて反省し、恩を忘れない。
そしてそのことをいつも言霊にして相手に伝える。
これだけできれば、かなり上等です。
上等どころか最上級であるといってもよいかもしれません。
人類すべてがこの三つが言えたなら、
とっくに世界平和は実現しているといえるくらい
大切な言葉なのですから。

いまここに自分が存在していること。
今日も命があること。
目が見えて、歩けること。
帰る家があること。
そのどれもが、当たり前のことではありません。

「当たり前」はひとつもありません。
すべてが「有り難い」のです。
「おかげさま」に感謝しましょう。
マイナスの心を使ったら、「ごめんなさい」と
すぐさま反省しましょう。
これを繰り返すことで、霊体が近づかなくなります。

「ありがとう」

はじめに言葉ありき

新約聖書でとても有名な文句のひとつに、
「はじめに言葉ありき」という言葉があります。
意味には諸説ありますが、神さまは言葉とともにあり、また
言葉によって世界がつくられたともいわれています。

そして、弘法大師空海の著した『声字実相義《しょうじじつそうぎ》』という書にも、
「五大にみな響きあり」という言葉があります。
地・水・火・風・空の五大からなる
森羅万象にはすべて響きがある、という意味です。
響きとは言葉や音の波動のこと。
そもそも空海がひらいたのも「真言宗」、真の言葉です。
キリスト教と仏教という異なる宗教ですが、

世界について語るときにこれほどの共通点があるのはたいへん興味深いと思いませんか。

世界は言葉なくしては成り立ちません。
言葉によって命は生まれ、そこに存在できるのです。
そして愛を伝えることも、真実を知ることも
言葉があってこそ。

神さまが人に与えた言葉というものの大切さ、その重要性を
キリストと空海は理解していたのではないでしょうか。
過去の聖人たちの智慧《ちえ》には感服するばかりです。

言葉ひとつで地球が滅び、言葉ひとつで地球も人も救われる
言葉はコミュニケーション　親善、政治、心と心をつなぐもの
祝詞もお経も言葉です
お金の吝嗇《りんしょく》・言葉のケチは罪深い
怒らせ壊すのも言葉　癒やし喜ばせるのも励ますのも言葉
沈黙は悪
言葉で広め、言葉で殺し、使い方ひとつで凶器にも宝にもなる
そんな言葉を出し惜しみするなかれ
言葉を軽んじるなかれ

「ケチ」は言葉を惜しみ、自分自身を惜しむ自己保存

人にとって言葉はとても大切です。
言葉は、人が神さまからもらった一番良いものであるといっても過言ではありません。

準備も元手もいらない上に、
使い方次第でいくらでも相手の心を幸せにします。
自分の心を伝え、愛を伝えることができます。

これほどすばらしいものを出し惜しみするのはなぜでしょうか。
それは、「心のケチ」のせいです。
つまり言葉が足りない人はケチなのです。

ケチは、神仏から見て、
一番救うのがむずかしい性質です。
なぜなら、ケチな人は、ほかのなによりも
「自分」(我)に一番執着しているからです。

言霊を惜しみ、労働をせず、
人の幸せを願いもせず、礼を欠く。
手紙を書くこともケチる。
お金に仕事に子どもにと、数々の執着心は
すべてケチな心より発します。

そして心のケチは、人に教えたくない、

独り占めにしたいという心が隠れているので、
他人を喜ばせることができず、
友だちの和（輪）が広がりません。

「ケチ」には虚栄心とともに、
自分を守って良く見せたいという心がひそんでいます。

これを「自己保存」といいます。

「自己保存」は前述した三大悪である
「無視・無関心・無責任」の根幹をなすものです。
自分（我）を守って、ものであれ心や言葉であれ

人に与えることを惜しむ心、
これらが「我」となり、かたく心をおおって
天からの光を入らなくさせています。
そして、その人自身もどこか暗いオーラをまとい、
重い雰囲気を感じさせます。

言葉が少ないと、気が回らず気づきもありません。
人と人の絆も少なく学べません。
なぜ天からの賜り物である言葉を惜しむのでしょうか？
人へのやさしさ、慈しみ、思いやりは
言葉なくしてはできません。
言葉は有効に使いましょう。

また、「恐怖」も一種のケチであり自己保存です。
なにかを怖がる気持ちは、過去の痛みに由来します。
過去に痛かったから、
また同じ目にあいたくないと怖がって、
まだ起きていないことをあれこれと思い悩むのです。

これは、人間が動物だったころの生存本能の名残です。
つまり、ただの生存本能であって、理性ではありません。

私たちの世界は「水鏡」です。
現実の世界はあなたが意識したとおりの現し世になります。
「起こるかもしれない」と恐怖して身がまえると

恐れていたことがそのまま、目の前にあらわれます。

あなたが見るものはより恐怖をまとい、
あなたは自分を害するかもしれないと
全部を疑って生きていくようになります。

恐怖に支配された人が最後にたどりつくのは
どこでしょうか？
「自分以外はすべて敵！　やられる前にやれ」。
心の平穏も平和も存在しない悲しい荒地です。
自分だけを守れば守るほど、
真逆の争いの世界で生きることになるでしょう。

心暗きときは、すなわち
遇《あ》うところ
悉《ことごと》く禍《わざわい》なり

――自分の心の鏡が曇っていると
そこに映し出される世界はことごとく
自分にとっての禍《わざわい》となる（空海「性霊集」より）

足ることを知る

「吾唯知足」（われ　ただ　たるをしる）――。
釈迦《しゃか》の遺言を記した「遺教経《ゆいきょうぎょう》」の中の言葉です。
京都の龍安寺のつくばいに刻まされている文字でもありますね。

これは、本当の文章はもっと長く、
「知足（足るを知る）の人は地上で寝ていても安楽で、
不知足（足るを知らない）の人は、
たとえ天上の宮殿にいても満足できない」
と述べられています。

また続いて書かれたことは、
「足ることを知る人は貧しくても豊かであり、

知らない人は豊かであっても貧しい」。

いくらお金持ちでも、美人であっても
「もっともっと」と言っている時点で貧しいのです。

私たちは思い描いたものがそのまま現実です。
「もっとあればいいのに」は、「いまは足りない」と同じです。

そう思ったが最後、
実際にある目の前のすばらしいものは
すべて消え失せてなくなります。
そうして、「いまは足りない」が鏡として実現します。

それがその人の意識の世界なのですから。
怒り、愚痴、足ることを知らぬ欲望……。
「我」に気づき、反省することによって
これらを取り除くことが大切です。
「これしか、ない」ではありません。
「こんなに、ある」なのです。

神はあなたの中から語りかけてくる良心

神さまとはいったいなんでしょうか。
哲学的にはとてもむずかしい問いですね。

私は、これまでの人生で何度となく
神仏に試されてきました。
「どこまで神仏を信じられるのか」と。

何度も地獄に落ちている人のカルマを引き受けようと思ったとき。
数千万、数億円を援助した相手から裏切られたとき。
命をかけて病気を治した相手から陰で悪口を言われていたとき。
子どもが親の因果を引き受けて危険に陥っているのを
見ていることしかできなかったとき。

何度も人間不信一歩手前になっても、
そのたびに何度も立ち上がってきました。
人のカルマを代受苦《だいじゅく》してこの身に受けるとき、
心が折れそうになるたびに、
なぜか同時に、人の尊さも見せてもらっており、
なんとか生きる希望をつないでいただいていたように思います。

そしてある日、救急車で運ばれてどうしようもなくなって、
絶望して真っ白になったとき。
急に神仏の光が入るようになりました。
神さまは信じる信じないではなく、
私の中に最初からいたのです。

それがわかってからは、私はつねに神さまとともにあります。
神さまを一言で語ることはとてもできませんが、
昔から言われていた、あるわかりやすい言葉に
たとえることはできます。

それは「良心」といいます。
昔の人は、内なる神さまを「良心」と名づけました。

より善く生きたい、変わりたいと思うのは、
あなたの中の「神」の意識であり、
このままでいたい、変わりたくないと思うのは、
あなたの中の「我」の意識です。

あなたの中にある神仏が、良心が、いま
本当の自分としての生き方をしたい、と
声をあげています。
その声に耳をかたむけてみましょう。

神仏は人の心に言葉を与え、意識を与えました。
喜びか恐怖か、愛か破壊か、神さまの心か我の心か、
私たちは瞬間瞬間で、相反する心のうち
どちらか一方の意識を選び続けているのです。
いまのあなたはその二つの声の間で悩む揺れ葉です。
そして、それこそが「人間」です。

最初から悩まずに理想的な生き方ができるのは神仏だけ。
悩んで、選択して、失敗して、反省できるのは人間だけです。

どうせ選べるのであれば、意識的に選びましょう。
「良心」にしたがった選択を続けていきましょう。
そうすることで、内なる神さまの姿が
あなたの鏡に映し出されてくるようになります。

「日月《ひつき》」

日は陽、月は陰で、陰と陽が同時にあらわれています。これは陰陽が統合され、カルマが浄化された状態であり、神仏そのものをも意味します。ものごとはつねに陰と陽の側面があり、どちらかにかたよったままでいることはありません。揺れ動いて当然、その狭間で一生懸命生きているのが人間である私たちです。

宗教と信心の違い、それは信心は人の道ということ

宗教と信心は、同じような意味合いをもつように見えて
微妙に違います。

宗教は特定の開祖がひらいたもので、その宗祖の特徴が
色濃く反映されます。

信心は、祈りをもって進む心そのものであり、
宗派は存在しません。
ただひたすら、人の道を進む心なのです。

そして神道は「神《かん》ながらの道」。
道とは、神々が敷いた本来の、正しく進む道のことです。

万物すべてに神々は宿る。これは日本人古来の考え方です。
いっぽう神道では、「自然」を「自然《じぜん》」といい、
「おのずとそうなる」という
意味合いの言葉があります。
これは神々に感謝し、
ありのままを受け入れて生きるということです。

また、神社というのは、私的な祈りのためではなく、
すべて公のための祈りをささげる場所です。
国民の幸い、国の繁栄を祈る、それが神社の務めでした。
神道は宗教というよりも、昔の日本の精神性
そのものであるといってもよいかもしれません。

痛ましい数々の震災のたびに、
日本人は驚くべき精神性を発揮しました。
自然を恨むのではなく、どうしたら自然とともに
生きていけるかを考えるのは日本人だけです。
東日本大震災では四五〇〇もの神社が
被害を受けましたが、それでも、とても多くの人が
自然とともに生きることを選択しました。

「浄明正直《じょうみょうせいちょく》」、清く明るく正直に、
「中、今《なか いま》」、つまりこの瞬間を
一生懸命生きることが神道なのです。

世界の平和を祈り、感謝とともに、いまを一生懸命生きる。
自然と戦うのではなく、ともに生きる。

神道は、日本という土地が育んだ、
ここに生きる私たちにとってこの上なく「自然」な
信心の形を教えてくれます。

礼は心なり　心は誠なり
大和の心は神道なり
ゆえに神道は礼を重んず
日出ずる国より開かれん
心の扉が開かれん
芸術は調和なり　宇宙と調和する鍵なり
鍵を持って船出せよ
誠と真を供にして　世界を廻れ

自分の内なる神とつながる一七のキーワード

八正道《はっしょうどう》

私はふつうの主婦ではありますが、書画家でもあります。
同時に、芙蓉光蓮という尼僧でもあります。

仏教においては、「誤り」というのは、
「正しくないこと」ではありません。
なぜなら、すべてのものは変わりゆくので、
「正しさ」すら一瞬あとには変わっていくからです。
過去の原因が現在をつくり出し、一瞬一瞬の未来がつくられる
つねに変わり続ける私たちの世界では、その場の正しさよりも

「我」のない広い視野とかたよらない心でものごとをありのままにとらえることが、正しさであり悟りといわれるものです。
そうした考えのもと、「我」を取るため、そして自分を客観的に見つめ直すために、
「八正道」というすばらしい指針があります。

人は、どんなに気をつけていても、
いつのまにかかたよった見方や思い込みをもって自分の正しさに焦点を当ててしまいがち。

そんなときこそ、八正道に照らし合わせて、
毎日の自分の行動や心の使い方をふりかえってみてください。

正命（しょうみょう）

問いかけの言葉）正しく生きたか？

→生活の基本である衣食住がきちんとできているか？
規則正しい生活が送れているか？
マイナスの心に負けないで、明るい心で調和できたか？
正しい方向を見つめて、心からの反省や懺悔《ざんげ》、感謝ができているか？

正進（しょうしん）

問いかけの言葉）正しい努力ができたか？

→脇道にそれたり逃げたりせず、自分の使命と向き合っているか？
礼節をもって行動できているか？
人から受けた恩を忘れずに、人のために奉仕しようとしたか？

正念（しょうねん）

問いかけの言葉）正しく祈れたか？

→自分のためにではなく、世界（地球）のために祈っているか？
自分本位のかたよった正義や真理にとらわれずに広い心で祈ったか？

正定（しょうじょう）

問いかけの言葉）正しく禅定《ぜんじょう》（精神統一）できたか？

→きちんと座禅できているか？
力を手に入れるためではなく、念を切って無になるために瞑想しているか？

八正道 はっしょうどう

「八正道」とは、仏教の言葉で、悟りに向かう正しい行動や心のあり方を八つの道に分けて、それぞれの道の基準をもとに、自分自身の行動や心を反省したり、ふりかえったりするための指針です。

正見（しょうけん）

問いかけの言葉）正しくものごとを見たか？

→自分の尺度だけで判断していないか？
　人の意見にしっかりと耳を傾けているか？

正思（しょうし）

問いかけの言葉）正しく真理にもとづいて考えたか？

→「自分さえよければ」「自分が正しい」という思いはなかったか？
　相手の幸せを願い「お先にどうぞ」とゆずる気持ちをもてたか？

正語（しょうご）

問いかけの言葉）正しく言《こと》霊《だま》を使って語ったか？

→行動が追いついてない、口先だけになっていないか？
　グチや不満をこぼしていないか？
　ありがとう、ごめんなさいと言葉に出しているか？
　相手のためを思って、ごまかさず本当のことを言っているか？

正業（しょうぎょう）

問いかけの言葉）正しく仕事をしたか？

→自分の本能や欲望から離れて、世のためになるように働いているか？
　与えられた仕事や課題に「ありがたい」と思いながら取り組んでいるか？
　なまけたり、楽して儲けたいと考えたりしていないか？

中庸《ちゅうよう》／こだわらない

とらわれない心　こだわらない心
広く広く　もっと広く
楽しいことは体を癒やす妙薬なり
うれしいことは心を治す特効薬
一秒後を過去にして開けよ
開け心の扉　こだわりにとらわれれば開かず
暗いことは悪霊を招く
失敗は成功のもと
失敗があるから成長する

いま・ここ／一秒後は過去

過去は終わったことであり、未来はまだ起きていないことです。
あなたが「いま」していることが過去となり
未来のあなたをつくります。
大事なのは「いまの自分」です。
未来が不安なら、うまくいった未来を想像し感謝に変えましょう。
恨みや後悔が残ったら、貴重な経験をさせてもらった、
それでよいではありませんか。
一秒後を過去にし、水に流してすっきりと生きる。
それがいまに焦点を当てるということでもあります。

「雫」

「いま、ここ」の瞬間をあらわしています。雫の一滴は、一人の意識が目覚め、行動を始めた瞬間です。最初はたった一滴かもしれません。しかしその雫は水に落ち、波紋を描きます。この雫は、周囲の人に影響を与え、やがて大きな流れを生み出すでしょう。どんな大きな動きも、最初は小さな一滴から始まるのです。

言動一致

言葉は大切ですが、言葉だけでは人は動きません。
行動・言葉・心の「身口意《しんくい》」が三位一体でない場合、
そのどこかに「うそ」がひそんでいます。

しんどくないと思えばうそになります。
しんどいと思えば不足になります。
だから、考えない。
ただひたすら、やりましょう。
一生懸命の頭に神さまは降りてきます。

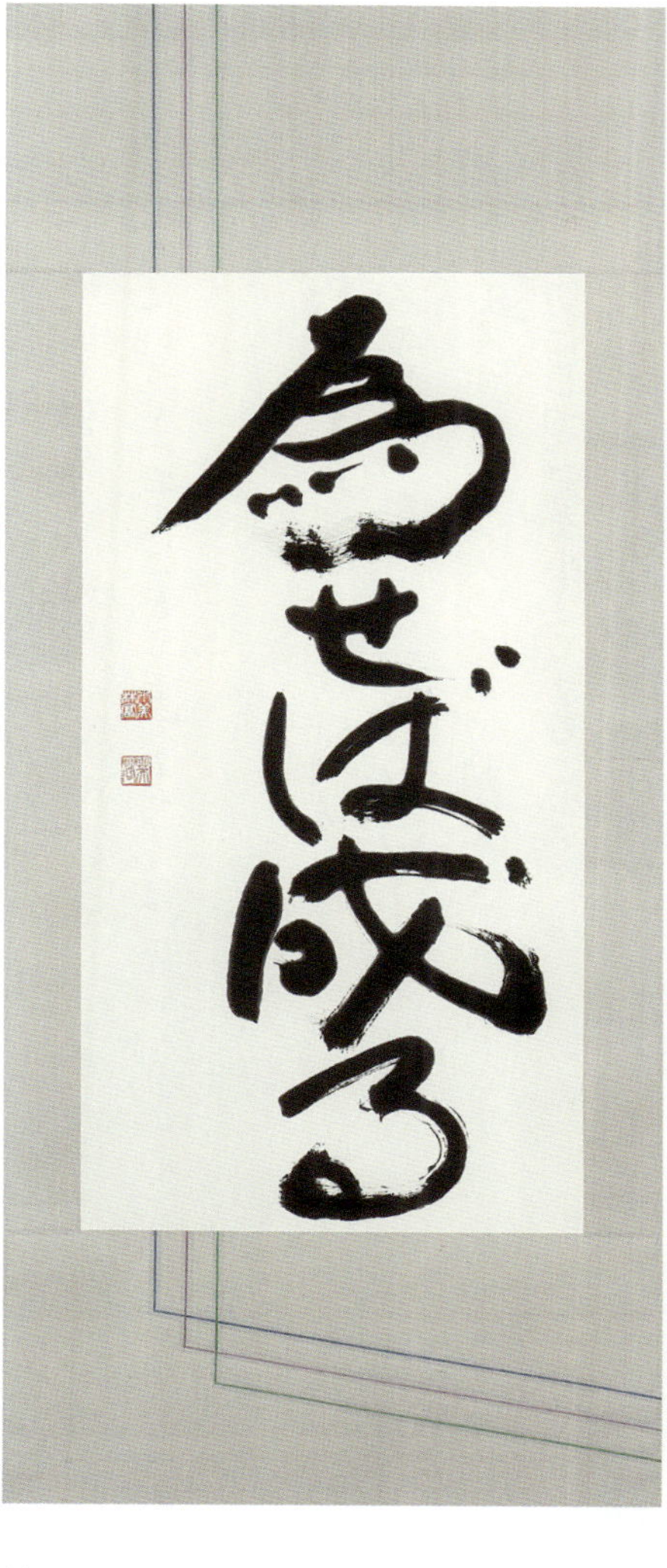

「為《な》せば成《な》る」

できるからやるのではありません。
やるからできるのです。

思いやり／自未得度先度他《じみとくどせんどた》＝お先にどうぞ

「自未得度先度他」は、禅宗の道元禅師の言葉で
自分よりも人を優先する心のことをいいます。
かんたんにいうと「お先にどうぞ」。もしくは「思いやりの心」。

仏教は、むずかしい教えではありません。
教えているのはたったひとつ「慈悲の心」です。
人にやさしくすること、人のために動くこと。
調和を大切にして、己を小さくすること。
それが回りまわって自分自身と世界を幸せにします。

道元だけでなく空海も最澄も、聖徳太子も、
仏教者は同じことを教えてくれています。
我先にではなく、「お先にどうぞ」。

全員が「お先にどうぞ」と言えば、
そこはもう争いや嫉妬もなくなり、
一歩も歩かずして此岸《しがん》が彼岸に変わり、極楽浄土となります。

「思いやり」というとありきたりかもしれませんが、
一人ひとりの思いやりの積み重ねが
世界の平和、そして調和の第一歩であり、
完成形なのです。

言霊《ことだま》

世の中で好かれる人は、例外なく「与える人」です。
その中でも一番好かれるのは、言葉を惜しまない人。
自分が言われてうれしい言葉は、人が言われてもうれしいもの。
おおげさなくらいでよいのです。
あなたがまず、言霊でたくさんの愛を配ってください。
日々の言葉で、祈りで、反省を、感謝を、愛を伝えましょう。
いずれその愛は大きく成長して
あなたのもとにかえってくるでしょう。

掃除

神道でも仏教でも、掃除はとても大切な修行です。
あなたの部屋は、あなたの心の状態の鏡そのもの。
部屋のほこりは、あなたの心に積もった「我」の集積物です。
舞い散るほこりは神仏の光をさえぎり、
幸せの道を見えなくしています。
汚れを落とすほどにあなたの「我」はなくなり、悪霊は遠ざかります。
床や窓を磨いているとき、あなたはあなたの心も磨いています。

一に掃除、二に掃除、三、四がなくて五に掃除！

「祓《はらう》」

珠または鏡を使い、祭壇もしくは神の前で儀式などをしている姿のようだ、とたくさんの声をいただきました。6月30日の夏越《なごし》の祓《はらえ》の日に揮毫したためか、そのような書になったようです。神道はケガレには細心の注意を払い、有名な式年遷宮をはじめ、浄化のための儀式が多数存在します。曇りなく、清くて明るい状態であるほど、己の鏡に神の光がまっすぐ映ります。

感謝

がんばったのに、してやったのに……。
どんなにすばらしい行ないをしたとしても、
この「のに心」はすべてを破壊します。
だから、言い換えましょう。
「させていただきありがとうございます」。
苦労はあなたの魂を磨き、輝かせます。
それでも、どうしても魂を磨くのがむずかしいとき、
徳を積むチャンスをもらった、と感謝をしてみましょう。
感謝によって、心から発する波動が清らかになります。

謙虚／おかげさまの心

「おかげさま」とは、知恩、報恩の心です。
なぜこれが大切なのでしょうか。

それは、「おかげさま」というのは、
いまの自分、いまの環境はすべて過去に原因があり、
過去の「おかげさま」だからです。
これを、仏教では「因果」といいます。
「恩」は漢字のごとく、大きい大きい感謝を忘れないように
口で囲って心で報いる気持ちでもあります。

人は一人で生きているのではありません。
因果は人と人をつなぎ、巡ります。
過去の恩に感謝をして、いまをおかげさまと思って、
まわりに恩を返す(報恩)ことで、
その恩が巡り巡って、将来の自分に戻ってくるのです。

謙虚でないから腹が立ち
謙虚でないから不足心をもつ
謙虚でないからゆるせない
謙虚でないから人を責める
謙虚でないから自分の側から考える

感謝があれば熱い心は涌き出でる
感謝があれば満足できる
感謝があれば喜んで動ける

「縁《えにし》」

人の縁は、ほとんどすべて過去世、前世のつながりから来ています。「袖擦り合うも多生の縁」の言葉どおり、通りすがりの人であっても、過去のどこかで生まれたご縁なのです。今世、どのように人とかかわったかによって、次の人生の縁も決まります。

素直・正直・一生懸命

神さまは素直・正直・一生懸命な心根をもっとも愛します。
これらの性質はゴチャゴチャとしたもの、つまり「我」がないので、
大いなる元とつながりやすく、神仏の光もまっすぐに届きます。
世渡り上手と言い難い面もありますが、
結局のところ、神さまだけではなく多くの人に愛され、
好かれるのはこのような人ではないでしょうか。

私は「まれにみる阿呆《あほう》」と自称しています。
たとえうれしいことを言ってくださっていても、

私には相手の心の中が見えています。
同時に、その人が困っていることも、本来果たすべき大きな使命も。
それなら、自分の心に正直に、困っている人を助けたい。
回りまわって世のためになるのならそれでいい。
いつもそう思って動いてきました。
多くのものを失い、不思議とそれ以上に
得難いさまざまなことや人とご縁をいただきました。
それが神仏のサポートの賜物なのでしょう。
阿呆といわれてもよいではありませんか。
むしろ、どんどん阿呆になりましょう。

茶

「素《す》」

本作は出雲大社で揮毫したものです。出雲大社は、親神として素戔嗚尊《すさのおのみこと》の御社が本殿奥に鎮座していますが、今回の書では素戔嗚尊の「素」、さらに一画目に剣があらわれたようです。素戔嗚尊は最初は乱暴者であったとされますが、現在に至るまで多くの人に親しまれ、崇敬されているのは、その素直で正直な心根が愛されているからではないでしょうか。
また、出雲大社の御祭神・大国主大神は国造りの神であり、日本国土全体の「大元」を司ります。同時に神々が集いさまざまなご縁をつなぐ「元」となる土地でもあります。ぐらぐらと心が揺れていては、すぐに霊体に憑依されます。大国主大神のようにどっしりと重心をすえ、心柱を立ててしっかりと大地に根を張りましょう。もとは「元」であり、「素」でもあります。自分の根っこをしっかりさせて、まっすぐな心で生きることで、神仏の光がスッと入るようになります。

間髪入れず

なにかをするのに時間がかかる人がいます。
そういう人は、たいてい「我」によって
行動に制限がかかってしまっています。
なぜなら、なにかをする前に相手の反応を気にしたり、
自分の損得をどうしても考えたりしてしまうからです。
間を入れることは「魔を入れる」と同じだと考えましょう。
間を入れれば入れるほど、どんどん神仏から遠ざかります。

逆に「即、行動」を心がけると
「我」がどんどん取れて、いろいろなものごとが
スピーディーに動き出します。
そして神仏との距離がどんどん近づき、
「宇宙即我《うちゅうそくわれ》」の境地が見えてきます。

すっきり、しゃっきりと、
すぐに、間髪入れず
「はい、わかりました！」
と言いましょう。

反省・懺悔《ざんげ》

お経は、過去の自分の行動や心を懺悔する
「懺悔文」から始まります。

不思議と、人というものは
その人が心から反省しているか、口先だけなのか
見分けがつくものです。
心からの反省・懺悔は、例外なく人の怒りをおさめ、
それだけで浄化になります。

人は完ぺきではありえません。
たくさんの失敗をします。
それでも、たいていのことでは死にません。
命があればやり直しもできます。

自分がたくさんの人に
たくさんのことをゆるされてきたように
相手のこともゆるしましょう。
過去の自分を反省、懺悔したら
前を向いて、いま、この瞬間を精一杯生きましょう。

迷って当たり前　生きているから
悩んで当たり前　生かされているもの
執着して当たり前　生きている証拠
だから
悩まなくても　落ち込まなくても
それでいいのだよ

誠／礼を尽くす

神道の心は、礼と誠にあると考えています。
誠とは、相手にうそいつわりない、
人としての道理をわきまえた心で相対すること。
相手を尊重し、誠の心で生きていれば
自然と礼を尽くすようになります。
礼は「御礼」です。
感謝をあらわす手間を惜しまないでください。
小さなものや手紙でよいのです、あなたの誠を相手に伝えましょう。
それは、やさしい「心の舟」となって相手の心へと届きます。

礼を尽くすことが感謝のあらわれなら、
礼を失することは当たり前と軽んじていることになります。
礼を欠いた行動をした場合、
そのときはなにもなかったとしても、
必ずあとでその人へ現象が出ます。
「現象」は神仏による気づきなさいという警告です。
小さな不幸の形をとって、気づくまで何度も現象がやってきます。

公意識／世のため人のために動く

人をどれだけ喜ばせたか。世の中の役に立てたか。
人の悲しみを自分の悲しみとしてともに立てたか。
それが人間として生まれた意味であり、人としての価値です。
たった一度きりの人生です。
素直にプラス思考で、謙虚な気持ちで
途中でご先祖さまの不成仏霊を治めながら、カルマを解消して、
子孫に徳を残そうではありませんか。
公意識と祈り、中庸な心はとくに不成仏霊に嫌われます。
人に好かれ、世の中のお役に立ってください。

祈り

祈りは感謝　祈りは報恩
祈りは思いやり　祈りはやさしさ
祈りは誠　祈りは償い
祈りは公意識　祈りは愛
祈りは調和　祈りは義
祈りは忠誠心　祈りは謙虚
祈りは敬う心　祈りは供養
祈りは慈悲　祈りは活力
祈りは真実

「光」

（223ページ）

京都・本能寺跡地で、鎮魂の祈りとともに揮毫しました。本能寺の変以後、本能寺は現在地に移転しました。本作は実際に舞台となった場所で揮毫したものです。魂は成仏するときは、光の珠となって上に上がります。魂となった私たちがもっていけるのは、徳とカルマだけ。魂は生前の行ない次第によってまばゆく光ります。どれだけ人のために生きたか、ただそれだけが魂を光らせるのです。

「水《みず》天《てん》光《ひかり》人《ひと》」

（224ページ）

甲骨文字で背景に水、上から天・光・人と書かれています。大いなる存在のもとで人は生かされています。おごることなく、頭を低くして、感謝をもって生きることで、人は大いなる存在をわが身に感じることができるでしょう。もし我良しの心でカルマをつくり続けるなら、大いなる存在は「現象」という形で人にその存在を知らしめるでしょう。私たちに与えられるものすべては、神仏の愛です。

調和

私は、書に使う墨には、世界各国の聖地から集めたのべ九〇〇種の聖水を混ぜています。

水には国境はありません。この水のように、世界中が国境や人種の別なく調和していくことを祈りながら、数時間かけて墨を磨《す》ります。

そして、書を紙の上に降ろすときは、

「この世が調和し、思いやりに満ちた世界になりますように」

これだけを念じ、無になり、天から降りてきた形をあらわします。

神仏の根本の願い、それこそが「調和」です。

私たちが神さまとともにあると感じるとき、
心からの安らぎを感じるとき、そこに調和があります。
調和の中においてのみ神さまは降り、神威が発揮されます。
我良しの心で調和が崩れ始めると、そこから破壊が始まります。
人も、組織も、大地も、世界そのものも、例外はありません。

神仏は、私たちの心を見ています。
感謝の心はあるか、誠の心で動いているか、
その行動に愛はあるか?
調和は、私たち一人ひとりの誠の心の鏡が映し出す
世界の総和なのです。

「和」

川端康成原作の映画「古都」で書画家として出演した際に、劇中で揮毫したものです。川端康成の情緒あふれる世界観が国を超えて感動を与えたように、日本の繊細な文化や調和を重んじる精神性は、国や人種を問わず人々の心に訴える力があります。調和、大和、平和、これからの世に広く伝わってほしい「和の心」を、なにより私たち自身が大切にしていきたいですね。

和

愛

私の父は、戦争の激戦地でただ一人生き残りました。

片目と片腕を失った父は、命を落とした同胞を弔うために般若心経を一万巻写経し、最後は座禅を組んだまま「南無大師遍照金剛《なむだいしへんじょうこんごう》」と唱えて息を引き取りました。

その父が最後に残した言葉は「神は愛である」です。

神さまは私たちとともにあり、同時に私たちの中にもいます。

この世は愛しかなく、山も海も花一輪も、あなたも私も愛です。

目の前の人を愛することは、私自身を愛することであり、世界そのものを愛することでもあります。

人にはそれぞれ、今世に大きな影響を与えている前世があります。

私の場合もいくつかありますが、ひとつをあげるなら、平安時代、淳和天皇の元側妃であり、弘法大師空海から女性初の伝法灌頂《でんぼうかんじょう》を授かったとされる眞名井御前《まないごぜん》（如意尼《にょいに》）の記憶がそうです。

当時は、空海から八正道をはじめとして神仏の世界の真理、つまり、調和や広くかたよらない心の大切さなどを教わりました。

空海は超宗教の人でした。

留学前に山岳仏教を学び、恵果阿闍梨《けいかあじゃり》と出会い密教の奥義を伝授され、国際都市であった唐で世界中のあらゆる宗教に触れることで、空海は、広くこだわらない、男女の愛すらもすべてよしという理趣経のあらわす超宗教の理念に到達したのです。

人間の知恵は限りがあります。

いっぽうで、神仏の智慧には限りがなく、無限大です。

私たちが「我」によって目の前のものにとらわれていると、つらさが長引き、苦しみや不幸が繰り返されるだけで、神仏の光が教えてくれる本当の幸せに気づきません。

智慧が入ると、光が入り、ハッと気づく小さな悟りがもたらされます。

この小さな悟りが繰り返され、大きな悟り(大悟)となります。

この本では、みなさまがつらさや苦しみから解放され、幸せになれるよう、いくつかの過去生で学んだ智慧をお伝えしました。

我がなくなると心眼でものを見るようになり、光しかなくなります。

俳句で小林一茶が天才といわれ、多くの人の心を感動させるのは、心眼で見た世界だから。自然で、命の光にあふれた句だからです。


「かがみ」から「我」を取ると、「かみ」となります。

そして悟りは「差取り」です。

一人ひとりの中にある神性・仏性にどうか気づいてください。

自分と相手の差がなくなり、相手の喜びが自分の喜びとなったとき、あなた自身は透明な鏡となり、祈りはまっすぐ天に届きます。

あなたの祈りはすべて即座に聞き届けられ、
人を、大地を癒やし、世界を調和に導くでしょう。

これは間違いなく実現します。あなたが「そう」決めさえすれば。

「天地人《てんちじん》」

人は、天と地をつなぐ存在です。人の祈りは天に響き、地の荒れた波動を鎮めます。まっすぐな透明な意識をもち、自らが鏡となって天と地の双方を映し出すとき、そこには一柱の柱が立ちます。一人ひとりが透明な柱となって天地と感応するとき、一人ひとりが限りなく神さまに近い存在となります。そういう世界を、弥勒《みろく》の世というのかもしれません。

天地人

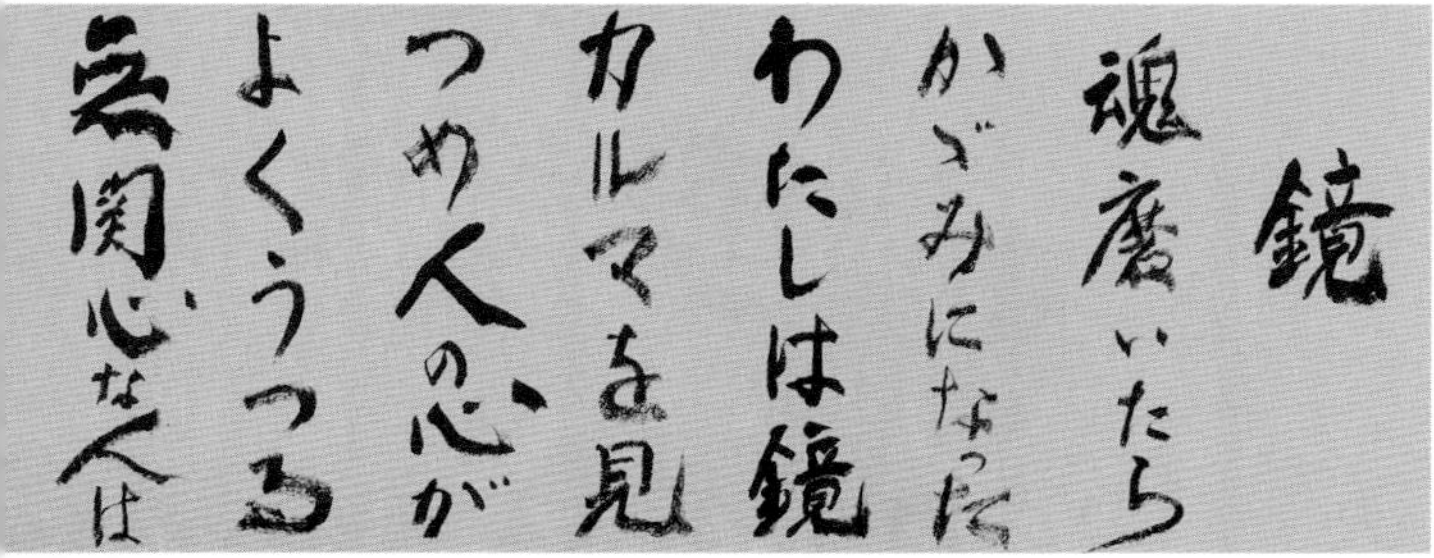

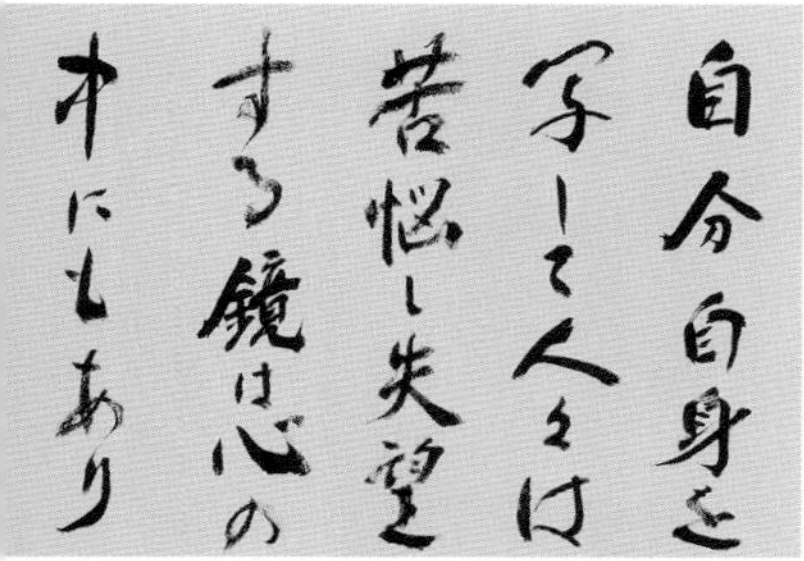

「鏡」（上）

魂磨いたら　かがみになった
わたしは鏡
カルマを見つめ
人の心がよくうつる

無関心な人は　何も写らない
意地悪い人は　いじわるく
ケチで真のない人は　冷たく
それぞれ使った心を写しだす

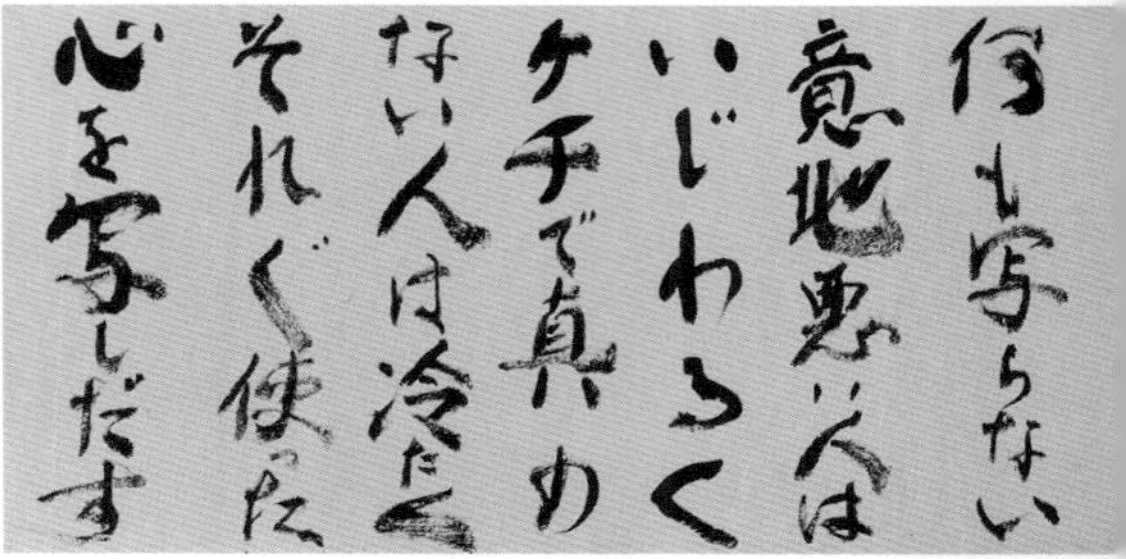

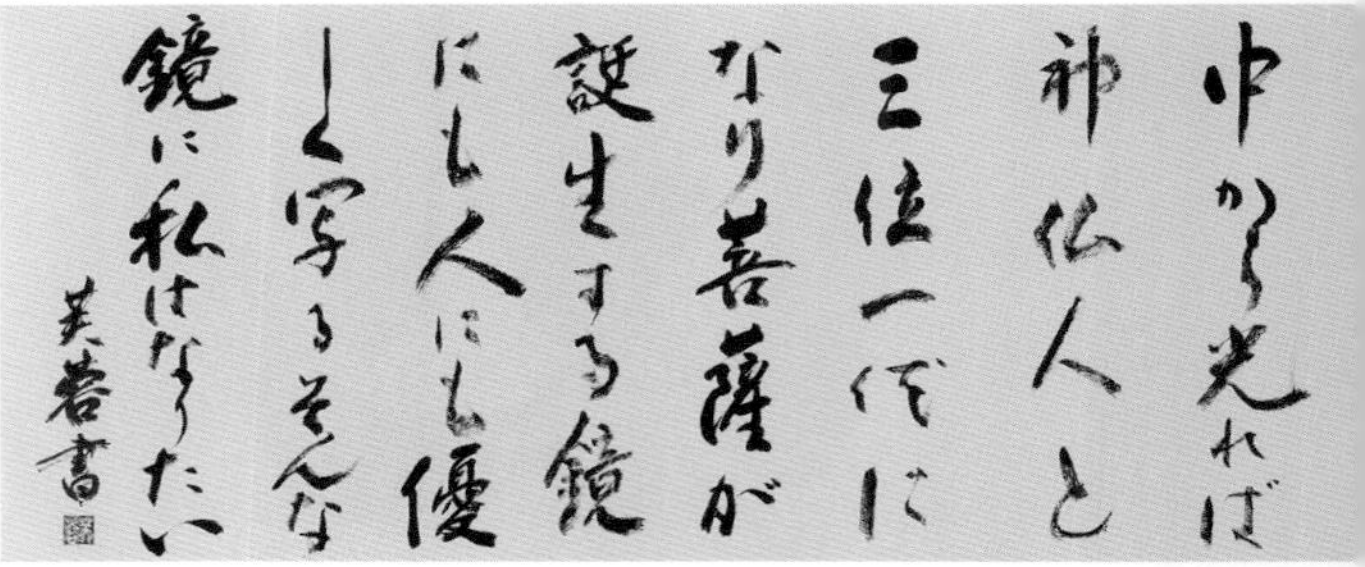

「鏡」（下）

自分自身を写して
人々は苦悩し失望する
鏡は心の中にもあり

中から光れば
神仏人と三位一体になり
菩薩が誕生する

鏡にも人にも優しく写る
そんな鏡に私はなりたい

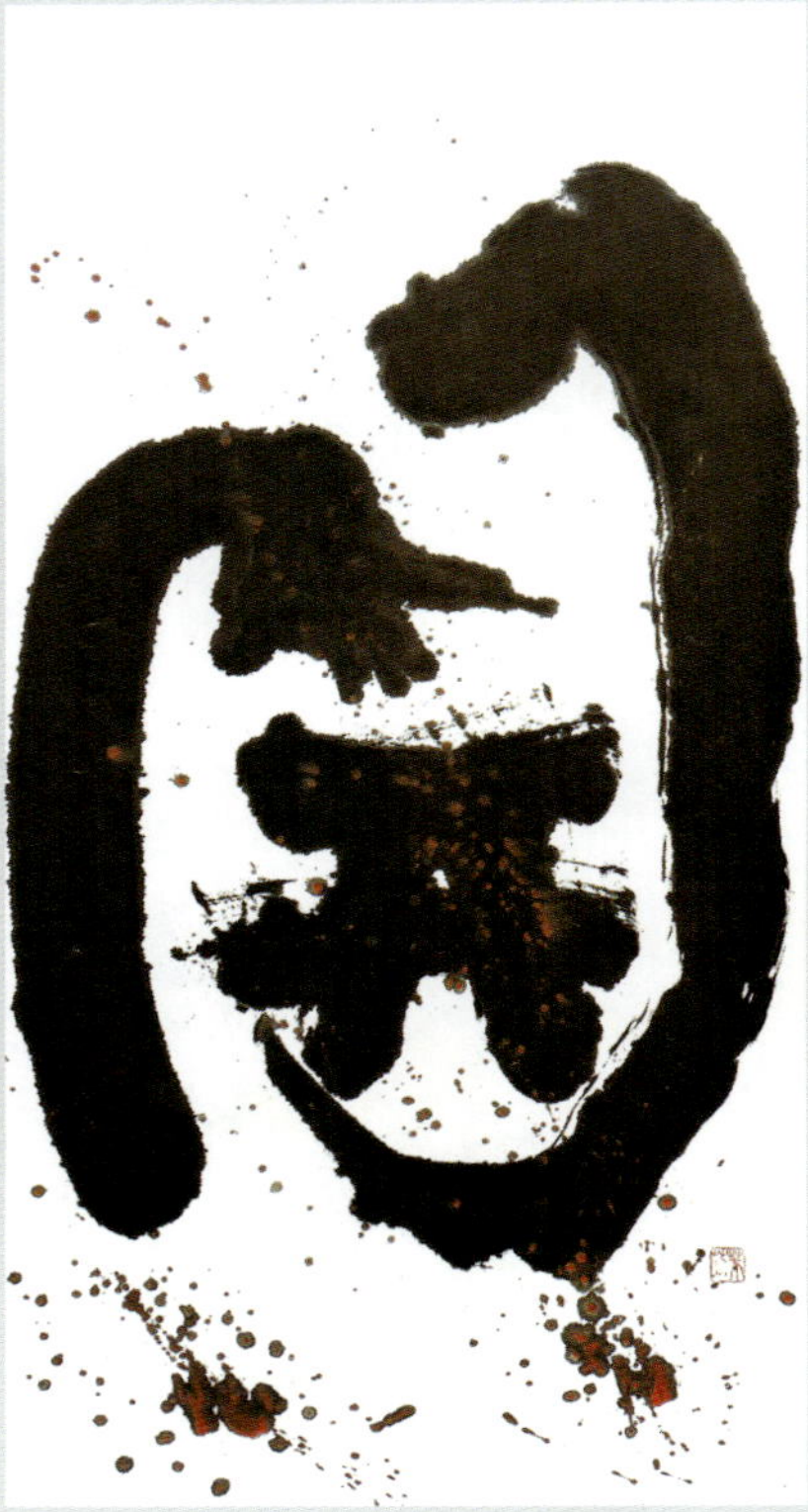

「開」

（1月18日揮毫）

弥《み》勒《ろく》の世 来たりなば
神の門 とわにひらく

表紙・本文デザイン／ＷＷ・ＡＱ
撮影／河田祐輔
編集協力／井上絵美

著者紹介

小林芙蓉（こばやし・ふよう）

書画家。幼少時より書の基本を学ぶ。1976～1977年オーストラリア国立大学で書と俳画を教えるかたわら、現地大使館主催で初の書画展を開催。現在は中国、韓国、イスラエル、ハワイ、イタリアなど、世界各地で象徴的な書画のデモンストレーションを行ない、ローマ法王にも書を献上。多くの国で「筆が織りなす日本の心」を広めている。国内では伊勢神宮や天河大辨財天社、高野山金剛峯寺などの全国の神社仏閣にて書を揮毫・奉納。長年にわたる国際親善活動が評価され、2015年中国政府から日本人でただ１人「国際優秀文化交流賞」を受賞。同年、韓国政府からも日韓親善の感謝碑を授与される。また、2018年には中国・西安の大興善寺（中国密教の最高寺院）にて外国人女性初の書画展を開催した。

揮毫の際は、世界中ののべ900種以上の聖地の水で磨った墨を使い、人々の幸せを祈りながら天地人の気を集めて紙の上に降ろす。その書は水のエネルギーに満ちた癒やしの書とも光の書ともいわれ、国境や人種を超えて深い感動をもたらしている。また、その高い精神性が慕われ、各界に多数のファンをもつ。

DVDに『嵐山書庵』（BSジャパン）、作品集に『水』（創元社）、『水』（書道芸術社）、著書に『水のように生きる』（あさ出版）がある。映画題字に「李藝」「祈り」「古都」「一陽来復 Life Goes On」など。京都・嵐山で元内閣総理大臣・近衛文麿公の別荘を改築した豆腐懐石料理店「松籟庵」を経営。女将として料理を通じて国内外へ和の心を伝えている。

http://www.kobayashifuyoh.jp/

●問い合わせ先
小林芙蓉後援会事務局（松籟庵《しょうらいあん》内）
TEL　075-861-0123
Eメール　info@kobayashifuyoh.jp

水《みず》鏡《かがみ》
～あなたの中《なか》の神《かみ》さまが目《め》覚《ざ》める49の言霊《ことだま》～　〈検印省略〉

2019年　4　月　13　日　第　1　刷発行

著　者――小林　芙蓉（こばやし・ふよう）
発行者――佐藤　和夫

発行所――株式会社あさ出版

〒171-0022　東京都豊島区南池袋 2-9-9 第一池袋ホワイトビル 6F
電　話　03（3983）3225（販売）
　　　　03（3983）3227（編集）
ＦＡＸ　03（3983）3226
ＵＲＬ　http://www.asa21.com/
E-mail　info@asa21.com
振　替　00160-1-720619

印刷・製本　（株）光邦

乱丁本・落丁本はお取替え致します。

facebook　http://www.facebook.com/asapublishing
twitter　http://twitter.com/asapublishing

ISBN978-4-86667-127-7 C0030